Michael Schikowski
Warum Bücher?

Michael Schikowski
Warum Bücher?

Buchkultur in Zeiten
der Digitalkultur

:Bramann

Nachdruck der ersten Auflage von 2013
© 2013 Bramann Verlag, Frankfurt am Main

Inhalt

Einleitung 7

Digitalkultur 13

Buchkultur 57

Nachweise 103

Einleitung

Die Buchkultur geht verloren, und nur scheinbar tritt die Digitalkultur ihre Nachfolge an. Die Digitalkultur lebt zwar von den Inhalten, vor allem von der Bedeutung der Buchkultur, erweist sich jedoch unfähig zu bewahren, wovon sie zehrt. Die Behauptung, die Buchkultur ginge in der Digitalkultur auf, ist selbst schon Ergebnis digitaler Kulturalisierung.

Die Digitalkultur ersetzt Bücher durch ›Digitalisate‹, Räume mit Büchern tauscht sie gegen digitale Transit-Räume ein und das Gespräch über Bücher wird in ihr durch anonymisierte Mitteilungen abgelöst. Bibliotheksnutzer und Lernende werden in Kunden verwandelt. Das Medium, in dem die Digitalkultur ihre Kommunikation abwickelt, lässt kaum Raum für Reflexion, Unterscheidung und Kritik. Wo andere Falschmeldungen löschen, belässt sie den Irrtum in der Liste der Kommentare. Digitalkultur ist ihr eigener Inhalt, der sich im eigenen Medium kaum in den Blick bekommt.

Sinnlos, von einer Notwendigkeit der Buchkultur zu sprechen. Alles geht einfacher: Diogenes warf seinen hölzernen Becher fort, als er einen Bauern sah, der Wasser mit der hohlen Hand schöpfte. Wer so seinen

Durst stillt, zeigt unmittelbar, dass es einer auch nur groben Esskultur nicht bedarf. Die Selbstverständlichkeit der Buchkultur, in der Bücher auf der Hand liegen, ist dahin. In der Digitalkultur erscheint das Buch als Defizitpublikation, weil ohne Links, ohne Such- und Kommentarfunktion. Nun muss nach Gründen für sie gesucht werden – nach denen, die nichts mehr taugen und nach denen, die helfen könnten, sie wenigstens in Teilen zu erhalten.

Hat man erst einmal die verbohrte Maximalposition geräumt, dass es ohne Buchkultur gar nicht gehe, dann wird ihre Krise schon als weniger katastrophal empfunden. Dann zeigen sich drei solide Gründe für eine neben der Digitalkultur erhaltenswerte und erhaltensfähige Buchkultur, die im Wesentlichen in der Objekthaftigkeit der Bücher, ihrer Fähigkeit zur Weltdarstellung und ihrer sozialen Funktion liegen. Längst aber haben sich soziale Gewohnheiten der Digitalkultur auch in der Buchkultur etabliert. Diese gilt es hier aufzuspüren. Denn was sich auf dem Bildschirm zeigt, sind Digitalisate, nicht etwa Bücher. Buch und Buchkultur werden fremd und unverständlich wie eine veraltete Bekleidungsvorschrift, wie ein ungebräuchliches Wort. Wer ihr anhängt, trägt Talare und redet Küchenlatein.

Die technische Entwicklung, die sich durch die Digitalisierung ergibt, ist weder zu ändern noch irgendwie aufzuhalten. Was mit Büchern zusammenhängt,

Druck, Bindung, Verlag, Bibliothek, Buchhandel und Antiquariat, erweist sich als Betrieb mit zweifelhafter Zukunft. Wer nicht rechtzeitig verkleinert oder umstellt, gerät in Schwierigkeiten.

Die Beschreibung der Frontverläufe ist unsicher, allenfalls in der gegenseitigen verzerrten Darstellung von Buchkultur und Digitalkultur herrscht Eindeutigkeit. Erscheinen doch jene als weinerliche Tempelwächter und diese als sprunghafte Existenzen mit besonders seichten Ansichten. Hier kommen erstmals Gebiete miteinander in Berührung, die bislang herzlich wenig miteinander zu tun hatten: Geisteswissenschaft und Technik, Ökonomie und Freizeitgestaltung, Musik und Rechtspflege. Die Ausdifferenzierung dieser Funktionsbereiche ging einst mit einer scharfen Abgrenzung gegenüber ihrer Umwelt einher, nun sind die Grenzen weich und durchlässig geworden. Die Sprachen, die zur Selbstbeschreibung ausgebildet wurden, scheinen die neuen Phänomene immer weniger zu erfassen. Die Trennwände, die bislang Wissensgebiete von einander abschotteten, werden porös und durchsichtig: Ein Museum zeigt seine Bestände auf der Homepage. Neue Zugangsformen lassen bislang abgeschiedene Stammplätze erreichbar werden: Jeder kann sich an Diskussionsforen beteiligen und von ihnen lernen.

Eine konsequente Unterscheidung von Buch- und Digitalkultur ist nicht möglich. Sie beeinflussen einander seit einigen Jahrzehnten und sind in unzähligen Sachverhalten einander Voraussetzung für ihre Weiterentwicklung. Buch- und Digitalkultur fördern sich gegenseitig und fordern sich heraus. Den Besitzstandswahrern in Buchhandlungen und Bibliotheken zerbröseln die Bestände. Ihre kritischen Einwände gegen eine falsch verlaufende Digitalisierung der Buchbestände oder eine hyperaktiv leerlaufende Veranstaltungskultur, die sich als Lesekultur ausgibt, werden als kulturkritisches Lamento zurückgewiesen. Mehr beachtet werden populäre Kampfschriften voller Polemik und rhetorischer Geschmacksverstärker. Ihre begeisterten Leser sind Anhänger der Buchkultur, deren Zustimmung immer sicher ist, und die nicht willens sind, sich mit dem Phänomen Digitalkultur, das als Ballerspiel nur unzureichend beschrieben ist, ernsthaft auseinanderzusetzen.

Bestimmend für beide Lager: das Gefühl der Überwältigung. Fühlen sich die einen von der Datenflut existentiell bedroht, sind andere geradezu entfesselt und surfen geschickt auf jeder neuen Welle, die durch die sozialen Medien rauscht. Was die einen verdrießlich werden lässt, macht die anderen erst richtig munter. Erstere leben zukünftig, weil ihre Arbeit nicht mehr gebraucht werden wird, letztere aber schon jetzt, weil sie Arbeit und Freizeit verwechseln, mit dürftigen Bilanzen. Insofern ist die wirtschaftliche Basis auf beiden Seiten prekär. Das zumindest eint die Lager.

Der Buchkultur geht die soziale Basis verloren, und die Digitalkultur hat sich längst ihre eigene geschaffen.

Buchkultur und Digitalkultur sind soziale Gebilde, die erst durch ihre Träger verständlich werden. Diese in den Blick zu bekommen und genauer zu beschreiben, versucht der erste Teil dieses Essays. Die Tür zur Buchkultur schließt sich langsam. Zu folgern, dass das, was vergeht, verdiene zu vergehen, ist ehrlos und schäbig. Es ist eine Frage der Integrität, wie man sich in das Unvermeidliche ergibt. Unvermeidlich ist der Aufstieg der Digitalkultur. Zu beschreiben, was genau mit der Buchkultur verloren zu gehen droht, ist das Ziel des zweiten Teils. Eine Haltung zur Entwicklung findet sich in der Antwort auf die Frage: Warum Bücher?

Digitalkultur

Vor Jahren stellte man beim größten Internetbuchhändler fest, dass man ein E-Book vertrieben hatte, an dem man keine Rechte besaß. Es handelte sich um George Orwells Roman *1984*, um dann gleich wie in der von Orwell geschilderten Welt zu reagieren: Der Chef des Unternehmens entschuldigte sich kurz, und der Text wurde von der Zentrale per Knopfdruck auf dem E-Reader des Hauses gelöscht. ›Auf‹ dem Reader ist vielleicht falsch. Das mögen auch die Verkaufstrainer ahnen, die die Ausdrucksweise der Buchhändler zu bestimmen suchen, indem sie ihnen vorschreiben, gegenüber Kunden nicht mehr vom Lesen, sondern vom ›Reading‹ zu sprechen. Man spürt hier förmlich Druck und Stoß der von der Buchkultur auf die Digitalkultur umgeleiteten Geldflüsse. Eine Hydraulik, die man unter den Mitarbeitern am Ort der eingeforderten, durchgesetzten und kontrollierten Sprachregelung durchaus durchschaut. Machtverhältnisse, die Buchhändler dazu zwingen, die eigene Branche abzuwickeln. Nicht anders ein wichtiger Schulbuchverleger, der die noch fließenden Gewinne der öffentlich geförderten Schulbuchbeschaffung nicht in neue und bessere

Schulbücher, sondern in ein Investment privater Internate umleitet. Fraglich immerhin, ob hier nur intelligente Strategien auf die durch die Digitalkultur ausgelösten Veränderungsprozesse angewandt werden oder ob diese Strategien diese Prozesse auslösen, vorwärtstreiben und ausbeuten.

Wenn der Lizenzgeber der E-Books – aus welchen Gründen auch immer – dem Lizenznehmer das Konto sperrt, über das sie verwaltet werden, wird man auch auf die Bücher nicht zugreifen können, die bereits gekauft wurden. Man stelle sich vor, auf seine Bücher nur dann zugreifen zu können, wenn man im Sinne eines internationalen Konzerns brav war und neue dazu kauft. Niemand ›erwirbt‹ ein E-Book; was erworben wird, ist nicht mehr als eine Nutzungslizenz. Der Begriff der beweglichen Sache erfasst laut Gesetz zunächst bewegliche körperliche Gegenstände. Der Sachbegriff setzt neben Körperlichkeit räumliche Abgrenzbarkeit voraus, weshalb Gase und frei fließendes Wasser keine Sachen sind. Daher kann man E-Books, wie auch digitale Filme, weder verkaufen, noch weiterverschenken, noch vererben. Ja, nicht mal umtauschen kann man sie und auch nicht verleihen.

Die Schweizer Bank UBS hat in London rund hundert Mitarbeiter entlassen. Wie erfuhren die Betroffenen davon? Ganz einfach, bei der elektronischen Einlasskontrolle versagte ihre Zutrittskarte. Hier wurden mit den Mitteln der Elektronik Existenzen vernichtet.

Warum so? Weil man es konnte. Welchen Grund hat man anzunehmen, dass man wegen der paar läppischen E-Books anders vorgehen würde?

Die Begriffe, die wir uns im Umfeld der Digitalisierung arglos zu gebrauchen angewöhnt haben, sind vielleicht schon längst dabei, uns zu foppen. ›Auf‹ dem Reader ist nicht ›auf‹, das ›E-Book‹ ist gar kein Buch, und nun ist das, was man landläufig als ›Eigentum‹ versteht, nichts weiter als ein mehr oder weniger fragiler ›Zugang‹.

Der Begriff E-Book ist gewiss falsch, das im E-Reader steckende Unding ist nichts als ein Digitalisat. Es sind aber nicht allein diese unscharfen Semantiken, die zu Irrtümern in der Sache führen. Sind E-Reader modern, sind Bücher konservativ? Die Digitalisierung beflügelt die Buchkultur seit mehr als dreißig Jahren. So modern kann sie gar nicht sein. Und sind genau betrachtet nicht gerade E-Reader als neuerliche Verdinglichung des Buches höchst konservative Geräte?

Dialektik des Digitalen

Es ist ein prinzipielles Missverständnis, wenn man Buchkultur – wie das sehr häufig in der Debatte zur Digitalisierung geschieht – für medien- und vermittlungsunabhängig ansieht. Die Buchkultur in Deutschland ist ein soziales Phänomen, das sich dem Medium

Buch und der Vermittlung durch Familie, Schule und Universität verdankt. Buchkultur ist keine medienunabhängige Textkultur und kein sich bloß individuell bildender Habitus. Und es ist eben diese soziale Basis, die auch die Grundlage der Digitalisierung bildet.

Die Vorstellung einer vorgeblichen digitalen Allzugänglichkeit der Digitalisate manipuliert die bisherige Publikationsgeschichte. In dieser Lesart scheinen paradoxerweise die gedruckten Exemplare eines Buches für seine Verknappung zu sorgen. Das Buch ist danach nur an dem Ort einsehbar, an dem sich mindestens ein Exemplar befindet. Im Vergleich zur Allzugänglichkeit als Digitalisat wird das gedruckte einzelne Buch zu etwas Elitärem.

Die mit viel Enthusiasmus verbreitete Vorstellung, dass neuere Entwicklungen alles andere in den Schatten stellten, ist nur zu nahe liegend. Auf längerer Strecke betrachtet, könnte sich aber zeigen, dass das Neue die Vorteile des Alten nur noch deutlicher vor Augen führt.

Wer ein Buch druckt, in welcher Auflage auch immer, stellt mit seiner Verbreitung Öffentlichkeit her. Selbst eine kleine Auflage ist im Unterschied zum Digitalisat, das per Knopfdruck aus dem Verkehr gezogen werden kann, eine kaum zurücknehmbare Veröffentlichung. Irgendwo wird sich immer noch ein Exemplar finden, auch jenseits von Amerika, auch in politisch schwierigen Zeiten und auch noch nach fünfhundert

Jahren! Wer wirklich sichergehen will, muss also Bücher machen.

Der Unterschied zwischen den unzähligen Erleichterungen durch die elektronische Entwicklung und dem, was wir im täglichen Umgang miteinander wirklich tun und für sinnvoll halten, ist groß. Die digitale Welt der Möglichkeiten hat sich von der Gegenkontrolle durch unsere tatsächliche soziale Praxis weitgehend abgelöst.

Für Verlage ist Social Media ein Werkzeug, Bücher erfolgreich zu verkaufen. Die trennscharfe Erfassung der jugendlichen Milieus, die sich aus den Marketingabteilungen der Verlage heraus zu digital kommunizierenden Fangruppen zusammenschließen lassen, verhelfen Büchern zu großartigen Verkaufserfolgen. Doch im Kern gleichen diese Erfolge jenen längst vergangenen des ›Literarischen Quartetts‹, Social Media ist so gesehen nur ein weiteres Verkaufsformat.

Noch befindet sich das Digitalisat auf dem E-Reader auf dem Niveau des Abklatschs. Die zukünftigen Möglichkeiten eines enhanced E-Books, einen Text mit Bildern und Tönen auszustatten, werden eine neue Form hervorbringen. Kein Bilderbuch, kein Hörbuch, kein Sachbuch und keinen Roman. Irgendetwas, was begabte Leute, die etwas zu erzählen haben, dazu bringen wird, unter den Bedingungen des kleinformatigen Tablets ein Kunstwerk zu erschaffen. Ein Kunstwerk, das es nur so, nur in diesem Format geben kann. Erst dann, wenn dieses Kunstwerk als physisches Buch nur unzureichend, im Kinosaal nur unangemessen genossen und verstanden werden könnte, erst dann und nur dann wird das E-Book das Medium, das man sich in der Community verspricht. So betrachtet, ist das E-Book noch gar nicht gefunden. Vermutlich würde dann sogar die Referenz auf Bücher obsolet. Das Selbstmissverständnis der Community, die sich allerorten so progressiv und innovativ gibt, kann man sich vielleicht damit erklären, dass man sich das E-Book platterdings als Roman in einem anderen Medium vorstellt. Die Leitvorstellung für das E-Book müsste eher das Kino sein, das in seinen Anfängen eben genau kein gehobenes Kulturgut war, sondern Varieté mit brachialen Grotesken, populärem Schrecken und Pornografie. Erst wenn man sich solcherart im Medium des E-Books ausgetobt hat, werden Leute auf den Plan treten und sollten sie ihre Sache gut machen, will man es sehen, hören und lesen. Jenseits und abseits der Buchkultur. Vielleicht ist dann das E-Book als Begriff durchgesetzt, vom Buch aber so weit entfernt, wie heute der Buchstabe vom Buchenstab.

›Ab igne ignem‹ – Feuer vom Feuer hieß es im Altertum, wenn etwas ohne eigenen Verlust weiter gegeben wurde. In ähnlicher Weise scheinen sich nun elektronische Bücher nahezu unerschöpflich verbreiten zu lassen. Das E-Book muss nicht transportiert werden. Es muss nicht in einer Buchhandlung beleuchtet und beheizt werden. Das E-Book steht immer und überall zur Verfügung, sofern man über ein entsprechendes Lesegerät verfügt. Damit ist das E-Book sensationell umstandslos, alles Vorgängige erscheint gestrig.

In der Regel wird dieser Sachverhalt so gedeutet, dass hier ein Aufwand an Material und Gestaltung wie beim ›physical book‹, so die Bezeichnung in der Community, eingespart werden kann. Ebenso kann der Transport und die Bevorratung des Buches eingespart werden. Schließlich kann, wenn das E-Book über das Netz verkauft wird, der Buchhändler, der Literaturagent, ja sogar der Verlag eingespart werden. Wem kommt zugute, was hier eingespart wird? Den Autoren, so jedenfalls die gängige Meinung, nur den Autoren.

Buchmarkt und Verlage, so scheint es, verweigern den Newcomern den Zugang. Die Kreativen an den Schnittstellen von Musik, Medien, Kultur und Design wittern durch das E-Book Morgenluft. Die digitale Zukunft verspricht ihnen endlich eine Besserung ihrer wirtschaftlichen Basis.

Bildungsatmosphären ohne Luftdruck

Warum gibt es so große Schwierigkeiten bei der Vermittlung des Urheberrechts? – Von seiner Durchsetzung erst gar nicht zu reden. Bei der Suche nach Erklärungen für den allzu laxen Umgang mit dem Urheberrecht stößt man auch auf Buchhandlungen und Bibliotheken. Überall dort grundschöne Buchzitate, nach denen es ›keine Seligkeit‹ in einer Welt ohne Bücher gibt, diese ein Garten, eine Seele oder was auch immer seien. Typischerweise gefährdet das Gemütvolle der Branche die Substanz, von der sie lebt. Denn der grundgute Zweck der Werbung für Bücher heiligt nicht das fragwürdige Mittel unerlaubter Zitatverwendung. Unwahrscheinlich, dass mit den Rechteinhabern gesprochen wird.

In den 1930er Jahren schreibt ein Oberrealschüler an einen bekannten Autor: »Ihr letztes Buch ist wieder so teuer, dass man es sich nicht kaufen kann.« Der Zugang zur Bildung, das weiß der aufstrebende Jüngling, ist ein wichtiges Grundrecht. Dieses wird nirgends mit mehr Pathos verteidigt als in der Schule. Was auch immer sich dem Bildungsstreben entgegenstellt, es ist immer schlecht. Der soziale Ort dieser Entkopplung von Bildung und Ökonomie ist die Schule. Vermutlich gibt es daher keinen anderen Ort in Deutschland, der in der Verletzung des Urheberrechts so selbstbewusst verfährt wie die Schule. Das Urheberrecht bleibt im Unterricht nicht nur außen vor, Schulen sind geradezu darauf angelegt, es munter zu umgehen. Es entspricht dem natürlichen Klima der Schulen, das Urheberrecht aus dem Bewusstsein ihres übergeordneten Lehrauftrags außer Kraft zu setzen. Lehrer werden zudem von Schulbuchverlagen in einer Weise konditioniert, als seien Bücher von Buchhandlungen generell kostenlos abzugeben.

Aus der Schule entlassen, sind Schüler nicht allein in Unkenntnis über das Urheberrecht, sie sind zu seiner Anerkennung und Erfassung einfach nicht in der Lage und sie nachzuschulen stellt sich als äußerst schwierig heraus. Die Digitalkultur hat mit jedem Instrument, das sie zum Schutz von Eigentum entwickelt hat, zugleich das Instrument mit entwickelt, denselben auszuhebeln. Die Unmöglichkeit des Schützens hat Ähnlichkeit mit dem Umstand, dass Sicherheitsdienste häufig von einem Furcht einflößenden Personal ausgeübt werden. Bei ihnen ist man sich manchmal nicht sicher, ob sie Anlass oder Abwehr der Bedrohung sind.

Der Oberrealschüler schreibt weiter: »Hoffentlich sterben Sie recht bald, damit Ihre Bücher billiger werden (so wie Goethe zum Beispiel).« Er erfreut sich der ökonomischen Zugänglichkeit Goethes, die er den gemeinfrei gewordenen Abdruckrechten zu verdanken glaubt. Als Tucholsky – so der Name des Autors – diese Schüleranekdote 1932 seinem Verleger mitteilte, war die Schutzfrist bereits auf dreißig Jahre festgelegt, 1965 wurde sie auf siebzig Jahre verlängert. Dem Schüler hätte das Hinscheiden Tucholskys nichts genutzt, vielleicht hätte sich auch nach Ablauf der Schutzfrist am Preis nichts geändert. Statt aber den Schüler darüber aufzuklären, prägt Tucholsky den beliebtesten Satz der deutschen Bildungsinstitutionen: »Macht unsere Bücher billiger!«

Hier werden Bildung und Ökonomie also wieder gekoppelt – aber falsch. Der Schülerirrtum, dass Gemeinfreiwerden irgendetwas mit reduzierten Preisen und der Verbreitung von guter Literatur zu tun habe, dauert bis heute an. Und da diesem grundguten Zweck der Literaturverbreitung offensichtlich jedes Mittel recht ist, erscheint das Urheberrecht so störend und umstritten wie die Buchpreise, die irgendwie immer zu hoch sind.

Attitüden des Lesens

Die öffentliche Wahrnehmung der Bücher ist im Vergleich zu anderen Branchen überaus gewaltig. Ihre Herstellung in Verlagen, ihre Bewahrung in Bibliotheken und ihre Auslage in Buchhandlungen findet sich in anderen Medien immer großzügig und ausführlich dargestellt. In den Printmedien, in Fernsehprogrammen und im Bereich der digitalen Medien haben Bücher und Autoren einen festen Platz. Kaum einer anderen Branche wird eine so breite Aufmerksamkeit durch Besprechungen, Messeberichte, Literaturfestivals und Preisverleihungen gewidmet. Die Buchbranche könnte es hinsichtlich dieser öffentlichen Aufmerksamkeit fast mit der Automobilbranche aufnehmen.

Auf dem Friedhof, der letzten Ruhestätte, finden wir neben Kreuzen und Engeln auch das Buch. Das Buch des Lebens. Etwas davon steckt noch in jedem Buch. Als wichtigster Nachweis des Bildungsaufstiegs verbot es sich außerdem, mit Büchern unachtsam umzugehen. Von all dem haftet nur noch wenig dem ausrangierten Schmöker aus Opas Nachlass etwas an. Von der alten Aura ist aber gerade noch soviel übrig als ausreicht, sich darüber lustig zu machen. Längst werden Bücher in einem Ausmaß wie niemals zuvor weggeworfen.

Wer sich aufmerksam in Modeläden umschaut und Werbeprospekte durchblättert, kann in letzter Zeit vermehrt auf Bücher stoßen. Bücher als Dekoration. Solche bloß rhetorischen Einsätze der Bücher gab es schon immer: im Vordergrund Waffenlobbyist, im Hintergrund Bücherwand.

Diese Werbung ›mit‹ Buch macht die Werbung ›fürs‹ Buch nicht einfacher. Denn das Verhältnis ist nicht reziprok. Wer zum Beispiel über Mode spricht, muss nicht modisch gekleidet sein, aber der modisch Gekleidete spricht immer über Mode – durch seine Kleidung. In dieser Weise ist das Buch längst bei der Werbewirtschaft und beim Veranstaltungsmanagement Mittel zum Zweck. Bleibt man einen Augenblick bei der Mode, dann zeigt sich, dass Schnitt, Stoff und Applikationen der Sportbekleidung irgendwann ab den 1980ern in der Freizeitkleidung auftauchten.

Erreicht wurde damit, dass mit den Bekleidungsformaten des Sports auch seine Werte wie Gesundheit, Disziplin und Leistungsbereitschaft vermittelt werden konnten: von Kurzatmigen und Faulpelzen.

Da sich durch das Möblierungsutensil Buch hoch im Kurs stehende Werte wie Bildung, Wissen und Tradition transportieren lassen, bleibt es nicht aus, dass sich bestimmte Marktteilnehmer der Bücher als Applikationen bedienen. Ja, sie bedienen sich ihrer als bloße Kulturanzeiger umso leichter, je mehr sich das Zurschaustellen von Büchern und Lesen allgemein etabliert hat. Die Zeiten der tüdeligen Lese-Utensilien wie Brille, Tasse Tee und Lesezeichen sind längst dahin. Allerdings hat der Non-Book-Markt für Bücher und Lesen mit Büchern und Lesen soviel zu tun wie Pferdeköpfe auf Papierkörben mit Reitsport.

Dieses Buch- und Leseschaustellergewerbe beherrscht auch die sozialen Medien. Darum sind aber die Bücherfreunde, die Bücherliebhaber, gar nicht zu reden von denen, die von Büchern zum Liebhaben sprechen, nicht unbedingt immer die besten Freunde des Buches. In den Social Media versichert man sich gegenseitig seiner Buchbegeisterung, ständig neue Bildchen mit Büchern, neue Cartoons oder Filmchen, die alle die Liebe zu Büchern dokumentieren. Das Buch ist hier das Opfer seiner digitalen Freunde, die in ihrem Sekundärkosmos der Buchbegeisterung vor allem einem den Garaus machen: dem Lesen von Büchern. Ein wenig gewinnt man den Eindruck, dass es der Mangel an Leseerlebnissen ist, der das Gequatsche, Gezeige und Geposte der Social Media nur weiter anheizt. So wenig aber Sportbekleidung die Kondition verbessert, so wenig erzeugen Social Media Leseerlebnisse.

Und auf dem Literaturfestival? Ist das Buch nicht auch dort auf der Bühne gezeigtes und am Ausgang signiertes Kulturattribut? Man weiß sich immer auf der richtigen Seite, wenn man in den Social Media, auf Literaturfestivals und bei der Leseförderung etwas fürs Lesen getan hat. Wer sonst nichts kann, kann immer noch was fürs Lesen tun. Dass allerdings alles an Social Media, Literaturfestivals und Leseförderung immer sinnvoll sei, und folglich immer noch mehr davon immer noch sinnvoller – wer glaubt das?

Häufig wird vom hohen Grad der öffentlichen Aufmerksamkeit für Bücher auf die wirtschaftliche Potenz der Buchbranche geschlossen. Der Buchhandel inklusive Internet erreichte 2012 gerade einmal 9,52 Milliarden Euro Umsatz, allein McDonald's Deutschland erwirtschaftet einen Umsatz von über 3 Milliarden Euro. Was wäre diese Imbisskette ohne den Einsatz der Werbung? An dergleichen ist im Bereich der Bücher auch nicht im Traum zu denken. Der Umsatz des bekanntesten Suchmaschinenbetreibers wurde zuletzt für Deutschland auf 3 Milliarden Euro geschätzt, mit einem Gewinn von 2 Milliarden. Dieses Geld wird in zukünftige Investitionen eingebracht. Für Werbung wird es nicht benötigt, denn die Digitalkultur entwickelt und schreibt nicht allein ihre Inhalte selbst, sondern ist zugleich ihr eigenes Marketing.

Berichte über brillante Autoren schmeicheln der ganzen Buchbranche, und ein wenig identifiziert sich jeder mit ihnen, ein wenig Abglanz fällt noch für jeden am Regal dabei ab. Man wird darauf angesprochen: »Du machst doch was mit Büchern?« Seit einigen Jahren existiert aber noch eine andere Berichterstattung über Verlage und Buchhandel, und die ist weniger schmeichelhaft. Die Urheberrechtsdebatte und der eskalierende Streit um Verlage – all dies zeugt von Auseinandersetzungen, die eine kaum noch beherrschbare Krise der Buchkultur darstellen. Das Mit-Büchern-was-Machen wird nun nicht mehr so herausposaunt, denn immer mehr wird daran die Frage angeschlossen: »Und wovon lebst du?« Die Verlegerin eines Berliner Verlags mit mehr als fünfzig Lyrikbänden im Programm besitzt keine Angestellte und muss nebenher Geld dazuverdienen.

Krise heißt Entscheidung. Dafür oder dagegen? Die Frage, soviel dürfte immerhin fest stehen, ist falsch gestellt, denn Buch- und Digitalkultur sind längst unentwirrbar ineinander verschränkt. Wichtiger erscheint die Frage, welche sozialen Träger welche Positionen einnehmen. Es sind drei Gruppen, die hier ausführlich der Reihe nach vorgestellt werden sollen. Aus ihrer jeweiligen Perspektive ergeben sich sehr plausible, aber auch lagespezifische Gründe für die jeweilige Position.

Zunächst die Verantwortlichen, die Verbandsfunktionäre. Sie unterstützen den Wechsel von der Buch- zur Digitalkultur, ich nenne sie daher die fortschrittlichen Verbandsfunktionäre. Sie sind Verhandlungspartner der weltweit agierenden Konzerne, die in diesem Abschnitt ebenso in die Betrachtung einbezogen werden müssen. Dann diejenigen, die ich progressive Opportunisten nenne. Sie sind die digitale Community und die wesentlichen Träger der Digitalkultur nach Masse. Schließlich die konservativen Protestler als dritte Gruppe, die den Verfall der Buchkultur als Katastrophe erleben. Dieser hier unternommene Versuch, alle drei Gruppen aus sich heraus verständlich zu machen, befreit nicht von dem Zugeständnis, dass ich gewiss dieser letzten Gruppe zuzurechnen bin.

»Kultur für alle«

Das Schicksal der Musikindustrie war so etwas wie die Wanderwarnung der Digitalkultur an die Dingwelt. Auch dem Buchhandel diente sie als Menetekel. Die Musikbranche war auch deshalb so geeignet, weil ihre Probleme kaum einmal als musikalische beschrieben wurden oder als Veränderung der Hörgewohnheiten der Rezipienten. Der Niedergang wurde auf technische Veränderungen zurückgeführt. Musikalische Inhalte oder Hörer sollten bei dieser Entwicklung angeblich kaum eine Rolle spielen. Das hatte den Vorteil, dass das Blinken der Warnleuchten im Maschinenraum des Musikbetriebs auch von Schwerhörigen wahrgenommen werden konnte. Also warnte fortan jeder jeden.

Nicht viel anders werden die Fragen der Digitalkultur und Buchkultur auf die handhabbare Größe von bloß technischen Fragen reduziert. So sind die Verbände von Handel und Bibliotheken davon beseelt, ihr Image als graue Bewahrer des Geistes im Cordjackett loszuwerden, indem sie besonders enthusiastisch den größten Suchmaschinenbetreiber und den größten Internetbuchhändler Deutschlands in ihren Archiven begrüßen und sie dort dann arglos machen lassen, was sie wollen.

In Wahrheit aber war man bibliothekarisch wie auch buchhändlerisch in Deutschland immer sehr fortschrittlich und ließ im Prinzip keine technische Neuerung ungenutzt, auch wenn man sie bewusst als Übergangstechniken einsetzte. Buchhandel und Bibliotheken agierten ein wenig wie Ärzte, die für ihre Patienten nichts unversucht lassen: Lochkarten, Mikrofiches, Computer, alles im Dienste der Abwehr einer drohenden Bildungskatastrophe. So auch jetzt: Die Geldmittel werden in der Forschungsförderung für den Ausbau der Digitalkultur bestimmt. Wer Bücher anzuschaffen trachtet, erhält einen Ablehnungsbescheid mit dem PS: »Wir haben sehr gelacht!«

In Deutschland gibt es nicht weniger als 10.000 Bibliotheken. In ihnen stehen in Summe 363 Millionen Medien zur Verfügung. In den letzten Jahren mussten bereits über 20 Prozent der Bibliotheken mit niedrigeren Etats für Neuanschaffungen wirtschaften. In diesen Bibliotheken sind 11 Millionen Menschen als Nutzer registriert. Der Anteil der Deutschen, der noch nie in einer Bibliothek war, wird mit 28 Prozent angegeben. Dass man diese durch Online-Angebote zu Lesern machen könne, glaubt im Grunde niemand.

An den Erfolg knüpft der größte Internetbuchhändler Deutschlands an. Das bildungspolitische Klima in Deutschland hat für eine Infrastruktur gesorgt, die sich nun ideal ausbeuten lässt. Der Chef des Unternehmens suchte als Unternehmensberater für das Instrument der Digitalisierung strukturell geeignete Geschäftsfelder. Er fand sie in Deutschland. Erst seit es möglich wurde, die Zugänge zu patentieren und damit zu kontrollieren, sind buchhändlerische und bibliothekarische Standesvertretungen darum bemüht, den Transfer vom freien Zugang auf körperliche Objekte zum kontrollierten Zugang auf Digitalisate zu organisieren.

Erzählt wird aber eine andere Geschichte, dass die Konzerne irgendwelche Defizite zu nutzen gewusst hätten. Die Krise des Buchhandels, die auch eine Krise der Inhalte und Leser ist, wird nun einzig und allein auf den technischen Vorteil zurückgeführt. Die extreme Wirkungslosigkeit der Rezensionen im Feuilleton auf den Verkauf von Büchern zeigte sich schon lange bevor der Internetbuchhändler Kundenempfehlungen einsetzte, bevor literaturkritik.de und andere Rezensionsportale ihren Betrieb aufnahmen.

Die erste Gruppe, die als Akteure der Auseinandersetzungen um die Buchkultur auftreten, sind die fortschrittlichen Verbandsfunktionäre. Sie haben ihren eigenen Aufstieg durch Bildung reibungslos absolvieren können und sind nicht bereit, ihre tolerante und neuen Ideen gegenüber aufgeschlossene Position aufzugeben. Ihre entscheidenden Grundsätze erhielten sie vor zwanzig Jahren, in denen es vor allem um Zugang zu Kultur und Bildung ging. Dieser schien nur durch bedingungslose Bereitschaft zur Öffnung gewährleistet. ›Kultur für alle‹ hieß die Losung. Innerhalb der Führungsebenen, die sie selbstbewusst und von der Digitalisierung ungefährdet besetzen, bleiben sie von ernüchternden Erfahrungen, die ihr Herrschaftswissen relativieren könnte, verschont. Ihren Bildungsauftrag setzen sie konsequent um und nutzen daher alle Möglichkeiten, Bildungsgüter zugänglich zu machen. Dass dabei Rechtsgrundsätze – zum Beispiel bei der Verlinkung vom Portal der Bibliotheken auf einen Internetbuchhändler, zum Beispiel im Dickicht des universitären Intranets – in einem bislang nicht für möglich gehaltenen Ausmaß verletzt werden, ficht sie nicht weiter an.

Unter welchen Bedingungen in Konzernen zum Teil gearbeitet wird, wer von diesen überhaupt wo Steuern und Abgaben entrichtet, wer welche Fördergelder einstreicht, ist nun bekannt. Das alles konnte man wissen. Gewerkschaften und Parteien, politische Beobachter und Organisationen halten dazu Informationen bereit. Auch dass der größte Suchmaschinenbetreiber an der Berliner Humboldt-Universität das Institut für Internet und Gesellschaft mit mehreren Millionen Euro finanziert, kann man überall nachlesen.

Wer sind aber nun die Verhandlungspartner der fortschrittlichen Verbände? Der Microsoftbegründer kümmert sich um Entwicklungshilfe, der Chef des Suchmaschinenbetreibers reist nach Nordvietnam. Die sich stets als hemdsärmelig sympathisch präsentierenden Bosse sind engagiert. Das Rühmen überlassen sie der digitalen Community, die sie wie Volkstribune feiert. Die Vision – kleiner geht's nie – des Chefs des größten deutschen Internetbuchhändlers ist es dann, Ideen gegen alle Widerstände zum Durchbruch zu verhelfen. Er lässt sich so zitieren: »Selbst wohlmeinende Gatekeeper behindern Innovation. Wenn eine Plattform sich selbst organisiert, können noch die absurdesten Ideen ausprobiert werden, weil niemand daherkommt und mit Expertenmiene sagt: ›Das funktioniert nicht.‹«

Wer sich auf demokratische Prinzipien beruft, hat das schlechthin Gute gewählt. Daher gilt es, eine Produktwahl oder die Wahl eines Verfahrens zu einem scheinbar politischen Vorgang zu stilisieren. Auch die Vereinfachung der Bedieneroberflächen und die Herabsetzung der Anforderungen werden als Demokratisierung dargestellt. Zugang ist angeblich nur dann gewährleistet, wenn er ohne jede auch nur geringfügigste Gegenleistung, ohne auch nur die geringste Anstrengung ermöglicht wird. Daher bleibt die mehrheitliche Zustimmung nicht aus, die sich als ein basisdemokratisches Plebiszit ausgeben darf. Umgekehrt erscheint dann jede gesetzliche Begrenzung als undemokratische Maßnahme. Der Ort der Demokratie sind aber nicht die Netze, sondern die Parlamente, an einem bestimmten Ort, nämlich in den Hauptstädten der Bundesländer, mit ganz bestimmten Menschen, nämlich ihren gewählten Vertretern. Alle Zweifler, Zögerer, Zauderer werden durch den bloßen Mechanismus des Online-Stellens beiseite geschoben. Jedes: »Das funktioniert nicht« ist nur Beweis des alten, hierarchischen und undemokratischen, ja unmoralischen Denkens.

Man muss in all dem keine finanz-digitale Verschwörung sehen, aber hier zeigen sich Möglichkeiten, die von der digitalen Community nicht einmal im Ansatz kritisch reflektiert werden. Die Diskussionen und Umgangsweisen mit den Tatsachen der elektronischen Entwicklung gleichen der geistigen Ödnis der Berichte aus der Finanzwirtschaft. Diese haben sich angewöhnt, dem Wetterbericht zu gleichen, bei dem es eben Regen gibt und zu nicht mehr aufgerufen wird, als sich einen Schirm zu kaufen. So gibt man sich dem scheinbar Unvermeidlichen hin.

Wie aber die Prozesse sich vollziehen, in deren Verlauf die digitale Community sich als hilfloser Handlanger erweist, kann man sich am Beispiel der Landwirtschaft klarmachen: Wie gelingt es, die Getreidepreise zu kontrollieren? Indem man den Anbau von Getreide betreibt? Indem man Getreidespeicher anlegt? All dies nicht, man lässt sich einfach die Erbinformation patentieren. Die Konzerne sind dabei eine Verwertungsstufe zu entwickeln, die allem, der kreativen Bebauung wie auch der Bevorratung und Speicherung von Kreativität, vorausliegt. Die Community macht hier in ihrer ganzen heiteren Harmlosigkeit den Eindruck, dass sie vom Verständnis der Verwertungsstufen der digitalen Industrie so weit entfernt ist, wie der Bauer von der genetischen Erbinformation seines Getreides.

Prekär lebende Kreative und autoaggressive Etablierte möchten lieber heute als morgen ein System untergehen sehen, das erstere zurückweist und letztere langweilt. Wessen Geschäft sie damit auch betreiben, ist ihnen selten klar. Denn wer gewinnt wirklich? Ein finanz-digitaler Komplex, der alle Besonderheiten einebnet und, zunächst an allen Stationen der Wertschöpfungskette mitverdienend, jedes einzelne Glied der Kette optimiert.

Der Verbandskasten

Der Verband erweist sich dabei nicht ohne Grund als so unfähig wie ein kleinstädtischer Bürgermeister, der sich von skrupellosen Bankern riskante Geldgeschäfte aufschwatzen lässt. Schlauheit, die im Prinzip auf Vertrauen innerhalb der Stadtgrenzen beruht, schlägt bei Stadt und Verband gegenüber internationalen Konzernen oder allgemeiner, angesichts der Globalisierung, in schier grenzenlose Naivität um. Mit den Konzernen auf der einen und den Verbänden auf der anderen Seite stoßen grundverschiedene Mentalitäten aufeinander.

Inzwischen wird klar sein, was unter einer Optimierung der Systeme zu verstehen ist. Branchenfremden, die in der Branche zunehmend das Sagen haben, fehlt das Verständnis, welche Wertschöpfung im funktionierenden Buchhandel stattfindet. Ihnen fehlt Verständnis aus Mangel an Bildung. Sie sehen keine Wertschöpfung, sondern lediglich Funktionen: Bevorratung und Besorgung. Optimierung heißt dann hier, alle Faxen weg zulassen und die Funktion von Bevorratung und Besorgung Aushilfen zu übertragen. Optimierung ist damit objektiv Zerstörung der Wertschöpfungskette.

Über die zum Teil enormen Rechtsbrüche geht man innerhalb der Verbände stillschweigend hinweg. Stattdessen muss dem Zweck der Öffnung jedes Mittel recht sein. Um so lauter die Ankündigungen. Niemals jedoch werden diese Ankündigungen und vorhergesagte neuere Entwicklungen, wenn sie nicht umgesetzt oder nicht mehr zutreffend sind, zurückgenommen. Zu jeder veröffentlichten Zahl, jeder breitgetretenen wissenschaftlichen Untersuchung der digitalen Community muss man sich eine Unmenge unveröffentlichter Zahlen und Untersuchungen, jeder Ankündigung eine stillschweigende Absage hinzudenken.

Verbandshandeln ist Zweckhandeln. Verbandszwecke sind einfach. Zweck des Verbands ist es, Strukturen zu entwickeln und zu erhalten, in denen Bücher produziert und verkauft werden. Auch die Anzahl von Teilnehmern an Diskussionsforen spielt keine Rolle. Der Handlungsspielraum des Vorsitzenden ist im Vergleich zur Wirtschaft nahe null.

Der Verband kennt im Grunde keine über Fototermine hinausgehende organisierte Beziehung zum Außerhalb. Daher ist es nicht der Zweck des Verbands, stets neu zu bestimmen, was sein Sinn sein könnte. Verbände sind konservativ, da sich ihr Feststellen immer als Festhalten zeigt. Bestandsaufnahme ist Bestandssicherung. Ein Verband kann gar nicht handeln, allemal nicht wie ein globales Wirtschaftsunternehmen, sondern lediglich seine Gründung beschließen und so lange weiter bestehen, wie seine Mitglieder mit seinem Zweck übereinstimmen und sich von ihm vertreten fühlen. Die Aufforderungen an den Verlage und Buchhändler umfassenden Gesamtverein, endlich ein Internetportal, eine zentrale Datei, eine zentrale Abrechnung des Buchangebots und des Buchverkaufs über das Internet zu entwickeln, verfehlt dies, insofern es sich dann nicht mehr um einen Verband, sondern Deutschlands größte Buchhandlung handeln würde.

Aus alldem ergibt sich: Verbandsarbeit ist auf Optimismus festgelegt. Bei der Ankündigung einer gesicherten Zukunft darf man sich über das rosa Ungefähre, das ihm anhaftet, keine allzu großen Gedanken machen. Weil das so ist, hat sich eine Appellkultur, eine Kultur der unablässigen Einbringungsaufforderung an alle, der Rhetorik der zündenden Ideen, der Ideenbörsen und Arbeitskreise etabliert. Ratlosigkeit wird prozessualisiert. Die Branchenpresse berichtet froh von der Lebendigkeit der Diskussionen.

Viel zu selten hat man den eigentlichen Zweck im Blick: das Buch. Ungeöffnet bleibt es stumm, blinkt und zappelt nicht und stört daher auch nicht weiter. Stattdessen grassiert die naive Vorstellung, irgendwer könnte eine Idee einbringen und damit würde alles anders werden. Der Mangel an konkreten Adressaten steigert die Zügellosigkeit der Forderungen. Arbeitsgruppen, allemal im Zustand der Vernetzung, sind die Camouflage der Innovation. Die elektronischen Medien überlagern, verstärken das: Kommunikationskommunikation heizt den Laden immer weiter auf. Eine Branche erzeugt eine Betriebsamkeit, die den Einzelnen ständig zum Mittun auffordert und überfordert.

In der Warteschleife wird gegibbelt

Die zweite Gruppe sind die progressiven Opportunisten, sie stehen unter der Kuratel einer unausgesetzten Identitätsrevision durch schnell wechselnde Kulturmuster. Begünstigt von der Idee des lebenslangen Lernens, steht ihnen der Sinn weniger nach Wahrheit als nach einem vorübergehenden, bloß marktgängigen Wissen. Dezidiert politische Gegenentwürfe und das angemessene Vokabular zur Beschreibung der Ausbeutungsverhältnisse fehlen ihnen.

Um zu verstehen, warum ihnen die Digitalkultur so wichtig erscheint, muss man ihre extreme Institutionenskepsis zur Kenntnis nehmen. Körperschaften sehen sie in der Regel skeptisch, und der Eintritt in Parteien, Gewerkschaften oder Kirchen wurde ihnen in den letzten zwanzig Jahren fortgesetzter Skandalisierung mit Erfolg ausgeredet. Gerade in der populären Kirchenkritik wird bis heute Skepsis gegenüber Institutionen massiv antrainiert. Dagegen wäre ein neues Biedermeier, das man der nachwachsenden Generation neuerdings gerne zum Vorwurf macht, als Wiederkehr durchsetzungsfähiger Institutionen sogar wünschenswert. Institutionen wie Gewerkschaften sind geradezu erfunden, den isolierten Einzelnen zu stärken. Die den Institutionen unterstellten Zwänge, die als Eltern, Schule oder Universität fortwährend freie Entfaltung einschränken, sind eine Fama. Viel mehr sind konkrete soziale Praktiken, allemal die der Bibliotheken, der Stillarbeitsräume, der Lesezimmer, der eigenen Bücherregale, ja selbst des eigenen Buches, Schauplätze und Übungsplätze der Sozialisation.

Den progressiven Opportunisten ist aber schon das Interesse verdächtig. Der Desensibilisierung in Fragen der Politik entspricht eine nahezu hysterische Moralvorstellung. Wer in gesellschaftlichen Fragestellungen ein Interesse vertritt, wird allein darüber, dass er hier auch sein Interesse vertritt, für die digitale Community unglaubwürdig. Mit Adam Smith kann man ihnen sagen: »Nicht vom Wohlwollen des Metzgers, Brauers und Bäckers erwarten wir das, was wir zum Essen brauchen, sondern davon, daß sie ihre eigenen Interessen wahrnehmen.« Es ist unsinnig, bei Kritik an der Digitalisierung darauf zu verweisen, dass diese Kritik selbst auch auf den Errungenschaften der Digitalisierung basiert. Kritik kann auch dann Gültigkeit beanspruchen, wenn derjenige, der sie formuliert, die Gegenposition nicht persönlich beglaubigt. Das Verlangen, dass Positionen und Überzeugungen immer ›gelebt‹ sein müssten, erspart die Analyse der ihnen zugrunde liegenden Sachverhalte. Eine Betrachtung der Sachen ohne Ansehen der Person wird nahezu unmöglich. Sachverhalte werden auf Fragen der persönlichen Glaubwürdigkeit derjenigen reduziert, die sie vertreten.

Häufig stößt man auf die Ansicht, dass Bücher nur aus der Neuordnung der bekannten Buchstaben bestehen. Die gab es ja schon vorher, und auch der größte Teil der sprachlichen Wendungen existierte schon vorher. Selbst die Gedanken gab es schon, und die könne man doch nicht zum Eigentum erklären.

Der Begriff des Eigentums ist in der Tat an Objekten orientiert. Er ist dann auf geistiges Eigentum ausgedehnt worden. Literarische Produktion blieb allerdings zu keinem Zeitpunkt der Kulturgeschichte ohne Bezahlung, im Mäzen oder Adligen, der eine Apanage herausgab, wurde die heute weniger problematisch gesehene Bezahlung nur verschleiert. Die Zuschreibung von geistigen Leistungen betrifft allerdings nicht allein die Literatur, sondern auch die Wissenschaft. Die Schwierigkeit, Eigentum faktisch zu bewahren, hat weniger die Gesetzeslage als viel mehr die Strafen verändert, die bei Seeräuberei und Viehdiebstahl besonders drakonisch ausfielen – zur Abschreckung, denn auf See oder in unwegsamem Gelände ohne Zäune der Diebe habhaft zu werden, war überaus schwierig. Zu jedem Gesetz gehört aber die Einsicht und Bereitschaft der Gesellschaft, es einzuhalten. Ein Bewusstsein des Urheberrechts, das blieb im Verlauf der Debatte zumeist unbeachtet, existierte schon vor seiner praktischen Durchsetzbarkeit, die in Deutschland durch die Kleinstaaterei besonders schwierig war. Die progressiven Opportunisten haben aus der Unmöglichkeit des Schutzes von Eigentum den Kult des Teilens entwickelt: nicht Haben, sondern Werden.

Sonst überwiegt in den Foren der achselzuckende Hinweis auf den Wettbewerb oder, so informiert ist man dann doch, dass es anderswo auch schlimm sei, jeder weiß von irgendwo irgendwas, das auch nicht in Ordnung ist. Auf die gesellschaftliche Entwicklung Einfluss nehmen zu können, glaubt niemand.

In den digitalen Foren meldet sich eine Gruppe zu Wort, die techniknah aufgewachsen ist und die das ältere Bildungsziel, das den Geisteswissenschaften verpflichtet war, mehr oder weniger stillschweigend durch Techniken ersetzt hat. Techniken der Präsentation, der Sachen und des Selbst. Mit den Lernschritten der Programmiersprachen, der Entwicklung von Lösungen im Team, der Unmöglichkeit, Einzelleistungen präzise zuzuordnen, wurde zugleich ein neues Lebensideal des isolierten Einzelnen etabliert. Hier spricht jeder für sich selbst, vermarktet sich selbst in den Social Media. Weil alle erreichbar sind, ist alles erreichbar.

Den digitalen Kommentaren merkt man das Bemühen an, sich auf keinen Fall selbst zu den Verlierern zu zählen. Sie sind zum größten Teil Opfer der Verwerfungen in der Kreativwirtschaft, trotzdem klammern sie sich an die bloß noch digital vorliegenden Möglichkeiten, ihrem Leben Struktur zu verleihen. Gesellschaftliche Teilhabe wird bei ihnen über Geräte abgewickelt, mittels derer sie ein Profil ausbilden. Im Gegenzug erhält der Konzern ihr Profil als Handelsware. Arme Schlucker beim Blutspenden.

Die Kommentarfunktion wurde neben der Homepage als zentrales neues Format der Digitalkultur gefeiert. Sie ermöglicht nun Blogeinträge, die zu jedem Aspekt einer schriftlichen Mitteilung nochmals schriftlich Stellung nehmen. Aber auch zu Teilaspekten und Nebensachen. Schließlich werden dann auch Sachverhalte kommentiert, die von der im Ursprungstext behandelten Hauptsache wegführen. Hier wird eine Kommunikationssituation sozial eingeübt, die in öffentlichen Räumen undurchführbar wäre: Alle reden in unbegrenzter Redezeit durcheinander. Das Format der Kommentarfunktion beginnt Gewohnheiten zu fördern, die man auf den öffentlichen Raum zu übertragen sucht – und die Kommunikation scheitern lässt.

Dieses Scheitern lässt das Bedürfnis nach Kompensation wachsen. An anonymen Blogeinträgen ist daher kein Mangel. Inwiefern dieses Format des Kommentars die Beziehungen nun neu strukturiert, zeigt sich darin, dass man sich in öffentlicher Rede, die das persönliche Bekenntnis verlangt, unwohl zu fühlen beginnt. Gewerkschaften, Parteien und Kirchen sind für sie, da sie als institutionalisierte Bekenntnisse gelten, eine Zumutung.

Wer sind all diese Leute, die sich im Internet der Probleme der Verlage und des Buchhandels so angelegentlich annehmen? Und warum kommen sie überhaupt anonym zu Wort? Wieso setzen hier die Interessen der Branche plötzlich aus, die berechtigten

Interessen, eine Diskussion im eigenen Haus selbst bestimmen zu können? Warum herrschen im Internet überhaupt andere Kriterien als auf der Leserbriefseite einer Zeitung, auf dem Wochenmarkt oder in einem Seminar?

Ein Kriterium wäre: Wer sich nicht zur Sache äußert, sondern schimpft und grob wird, wird zur Ordnung gerufen. Die digitale Kommunikationsgemeinschaft bleibt aber unreguliert. Die Digitalkultur friert jeden Kenntnisstand ein, den aktuellen, aber eben auch den gestrigen und vorgestrigen. Was dazu führt, dass stets aufs Neue digitale Mythen in die Kommentare einfließen. Digitale Einzelinformationen altern nicht nur nicht, sie bleiben weiterhin lesbar, was innerhalb der Community Transparenz genannt wird, in der Sache aber bedeutet, dass Irrtümer, Falschmeldungen und Ungenauigkeiten im Umlauf bleiben. Dieser Schwarm lernt alles Mögliche dazu, behält aber nicht den entscheidenden Kenntnisstand.

Schwarmintelligenz ohne jemanden, der intelligent ist, ist eine irrationale Vorstellung. Bei einigen aus der digitalen Community schlägt zudem die übertriebene Geste der Bescheidenheit, mit der man das eigene Selbst einer Organisationen untergeordnet weiß, in hemmungslose und begeisterte Identifikation mit einer als gigantisch fantasierten Organisation um. Die begrenzte Individualität wird als Teil eines faszinierenden Überindividuums wahrgenommen. Ob im Anschluss an ein gigantisches digitales Lexikon oder ob als Kunde eines digitalen Dienstleisters, immer halten die Datenströme das Bewusstsein in der gewünschten Hochstimmung.

In der Digitalkultur sind Gefühlslagen von neuer Bedeutung. Besonders negative Gefühle wie Wut aufgrund von Ablehnung und Versagen finden in ihr ein willkommenes Ventil. Ermöglicht sie doch, von der Ursache für Versagen bei sich selbst großzügig abzusehen. Wenn ein Verleger fünf neue vielversprechende und gute Autoren verlegt, düpiert er inzwischen hunderte andere, wenn das Feuilleton eine Autorin erwähnt, sehen sich hunderte andere unerwähnt. In jeder Nennung konstituiert sich ein Außerhalb, das bislang jeder mit sich selbst abmachen musste. Nun ist das Außerhalb spinnwebenfein vernetzt und als Community digital abgebildet. Aus dieser Community rekrutieren sich die Follower, die sich langsam darüber klar zu werden beginnen, dass sie vielleicht gar keine Kulturfolger sind, sondern durch Unterhaltungsbrösel auf Abstand gehaltene Abgehängte.

Der Gediegenheit der Buchwelt wird von den progressiven Opportunisten pathetisch abgeschworen. Die allen zugänglichen und höchst flexiblen Bedingungen der Digitalwelt werden gefeiert. Ermöglichen sie doch scheinbar, dass man von heute auf morgen durch Eigeninitiative ein gefeierter Schriftsteller werden könnte. In der Kommentarfunktion besteht nun ihre ganze Möglichkeit zur gesellschaftlichen Teilhabe. Zur Einrichtung eigener, tragfähiger und die Gründungsphase überdauernder Institutionen scheint die digitale Community bislang nicht in der Lage.

Ihre Überinformiertheit durch das Internet entwertet Informationen politisch. Eine Information erzeugt keine politische Bewegung, sondern allenfalls moralische Entrüstung. Die Aktualität der Information ist ein stets wiederkehrendes Jetzt. Ereignis und Information reiht sich an Ereignis und Information, stets ersetzt ein neues aktuelleres Jetzt eine anderes, löscht es damit aus und – das die Pointe – bringt jedes Ereignis und jede Information um seine Wirkung.

Digitalkultur ist eine Maschine der Bagatellisierung, des Lächerlichmachens, des knappen Wortwitzes, des lustigen Bildchens. Eine Lustigkeit des glucksenden Ulks, der auf dem Niveau eines Schülerstreichs verbleibt. Stellt man die Beobachtung scharf, zeigt sich, dass es diese Harmlosigkeit in sich hat. Denn hier fungiert Digitalkultur als sozialer Wellenbrecher, der die politische Welle auf eine kaum minutenlange moralische Aufwallung verkleinert. Digitalkultur als Kompensationsmaschine, mittels derer jeder sein Mütchen kühlen kann, in von Konzernen betriebenen Foren, die jedes Schwappen am Pegelstand zu kapitalisieren und erkennungsdienstlich auszuwerten verstehen. Jeder darf den prompten Rücktritt eines Ministers fordern, dann den eines fehlbaren Präsidenten, dann ist man erregt über ungeheuerliche Arbeitsbedingungen.

Ein nicht unwesentlicher Inhalt der Digitalkultur ist das Ressentiment gegen die Buchkultur, ist diese doch vor allem Institution und durch Besitzstandswahrung gekennzeichnet. Buchkultur, die mit klobigen Bildungsgütern aufwartet, stößt hier auf eine Digitalkultur mit ganz kurzer Zündschnur. Null Frustrationstoleranz.

Zugang und Öffnung zeigt das Buch und lässt sich doch nicht so leicht erschließen. Im Gegenteil, das sich verschließende, das unzugängliche Buch erzeugt bei dem, der lediglich die Funktionslust der Geräte gewohnt ist, nur Frust. Bücher werden mit schulischem Lernen und den damit einhergehenden unliebsamen Disziplinierungen identifiziert. Die zum Teil überaus aggressiven Ablehnungen der Buchkultur in den Kommentaren des Internets lassen digitale Bibliophobe fast als eigenes Sozialprofil erkennen.

Aus der verschmitzt blinzelnden Perspektive global agierender Konzerne kann es nicht besser laufen: Eine Privatisierungswelle erfasst die Bestände der Buchkultur. Wahrgenommen aber wird sie als sozial-ethisch aufgeladene Teilung und, informationstechnologisch trivialisiert, als machbares Zurverfügungstellen.

Das Klimakterium der Buchkultur

In der Mitte zwischen der großen Masse der progressiven Opportunisten, auf die wesentlich der rüde Ton in den Kommentaren zurückgeht, und den Verbandsvertretern der Bibliotheken und der Buchbranche, die sie darin gewähren lassen, stehen als dritte Gruppe die konservativen Protestler. In Leserbriefen bricht gelegentlich ihr Zorn aus ihnen heraus. Aus ihnen rekrutieren sich die meisten Libellisten und auch die Untergangspropheten der Buchkultur.

Sie sind unzufrieden mit ihren Verbänden. Sie unterstellen ihnen eine von konkreten Inhalten vollkommen freie und bloß strategische Führung. Sie gehören zum Mittelbau der Bildungsinstitutionen, sie sind Buchhändler, Lehrer, Bibliothekare und Journalisten. Weisungsgebundene Vermittler in typischer Sandwich-Lage. Aus den Zielgesprächen, zu denen sie gezwungen werden, wissen sie von der großen Leere der Führungsebene, der Prozessautomation, totalen Formalisierung der Abläufe, der Leidenschaftslosigkeit, mit der die Inhalte in die Kanäle gestopft werden.

Fassungslos betrachten sie eine Verbandspolitik, die sich mit den progressiven Opportunisten kurzschließt und der jeder authentische Umgang mit dem eigenen Wissen abhandengekommen scheint. Sie beharren auf den Unterschied, dass über einen Zugang zu verfügen nicht dasselbe sei wie über etwas zu verfügen. Vom Haben zum Sein.

Ihre wichtigste Ressource, das in Büchern gebundene Wissen, wird aus ihrem Blickwinkel durch die Digitalisierung zu Einzelinformationen zerschreddert. Die

Analogien fliegen ihnen nur so zu und mobilisieren wie von allein alle ihre kulturkritischen Affekte: solide klingendes Holz und industriell gefertigte Spanplatte, eigenhändig gewickelter Braten und Pressfleisch mit ungewisser Herkunft, frisches Brot vom Bäcker und Cerealien aus der Packung eines Lebensmittelkonzerns. Aber das sind nur Analogien, und wer sie vorbringt und im feierlichen Tonfall die Digitalkultur verdammt, erntet Zustimmung von denen, auf die es nicht ankommt. Eine Industrie, die eine vorgeblich natürliche Ganzheit zerkleinert, wirft nach einem Produktionsprozess ein Produkt auf den Markt, das ganz und gar unnatürlich ist. Die Zerkrümelung der Buchkultur.

Die Anforderungen der Buchkultur sind hoch, sie unter den Bedingungen der Digitalkultur einzulösen erscheint ihnen unmöglich. So sind die konservativen Protestler nahe dran, sich von zwei Seiten terrorisiert zu fühlen. Nach einigen handelt es sich um nichts anderes als eine waschechte Kulturrevolution mit dem üblichen Kult der Jugend. Eine von oben angestiftete Jugend wird dazu angeleitet, dem bislang respektierten Mittelbau eine Papiermütze aufzusetzen, ihn öffentlich zu verlachen, schließlich zu stürzen, beiseite zu räumen, um die von ihm angehäuften, verwalteten und der Jugend vorenthaltenen Kulturgüter zu sozialisieren.

Man sieht sich von oben durch Zielvereinbarungen schikaniert, die sie auf Öffnung der Archive festlegt, auf der anderen Seite von Lesern, Nutzern und Schülern umgeben, die sich als Kunden behandelt sehen wollen. Eine Fehlstellung, die sie bereits in der Schule antrainiert bekommen, vollkommen untauglich aber für Texte, die sich nur im ausdauernden Lesen erschließen. So sehen sie ihre Verbandsvertreter mit falschen Vorstellungen an der Arbeit und die Bibliotheksnutzer, Leser und Schüler von falschen, aber höchst bequemen Versprechungen verführt. Ihre hilflosen Versuche, ihre Schüler über den Betrug an ihnen aufzuklären, verschärfen die Probleme eher. Denn solche Mitteilungen enttäuschen die Schüler doppelt, zunächst verlieren sie vor Lehrern, die diesen Missstand aushalten, ihren letzten Respekt. Dann fühlen sie sich aus dem Paradies des Scheins ausgeschlossen.

Andere, die ich danach fragte, sehen das nicht so eng. Irgendwann fällt dann der Satz, den ich vielleicht schon hundertmal gehört habe: »Für mich reicht's noch.« Sie legen sich einen gefühlten Mayakalender zu, in dem sie überprüfen, ob ihre Verrentung noch ausreichend früh vor dem prognostizierten Untergang der Bücherwelt liegt. Ihre Gegenwehr beschränkt sich auf das Notwendigste.

Andere sind zu irgendwelchen auch nur geringfügigsten Gegenmaßnahmen nicht bereit. Mit gelassenem Blick auf ihre sauer erarbeiteten Pensionsansprüche lassen sie geschehen, was geschehen muss. Hilfreich ist ihnen dabei der etwas lasche Hinweis, es gebe nichts Neues unter der Sonne. Auch nicht ganz unbeschlagen in den Einzelfällen der Historie der verschwundenen Dinge, kommt ihnen für jedes neuere Phänomen eines aus der Vergangenheit in den Sinn, nach dem heute auch niemand mehr fragt. Viele Dinge verschwinden – wer so alt ist, dass er ihren Gebrauch noch erinnert, wird gerne sentimental. Das Verschwinden der Buchkultur wird leichthin mit anderem verschwundenen Kram verglichen: Wählscheibe, Testbild, Kassette oder Plattenspieler. Privatisierung des Wissens? Ist doch längst an den Privatuniversitäten im Gange. Konzernabhängigkeit? Da sind doch schon immer interessierte Kreise am Werk gewesen. Im Arbeitsleben bereits wird die abwinkende Handbewegung des Pensionärs eingeübt.

Der Elektrik-Trick

Die Digitalkultur ist bislang vor allem Gegenstand eines reinen Technikdiskurses. Die Buchkultur wird in den Debatten gerne auf ökonomische Absicherung reduziert. Buchhandlungen und Verlage vertreten selbstverständlich eigene Interessen, die die Interessen aller sind. Spätestens dann, wenn die Konzerne die Zugänge zu unserer wichtigsten Ressource kontrollieren: unserem Wissen.

In der Auseinandersetzung um das Urheberrecht kann man studieren, wie sich der finanz-digitale Komplex vor öffentlicher Wahrnehmung schützt. Er betreibt die Inszenierung einer öffentlichen Debatte, bei der nur dieser Komplex gewinnen kann, weil er das Medium bildet, in dem die Debatte geführt wird. Dabei kämpfen die Kunden des finanz-digitalen Komplexes um den Konsum der Produkte, die keiner der beiden produziert. In einem Satz: Eine gesetzliche Begrenzung erscheint den Nutzern als undemokratische Maßnahme. Diese triefende Moral ist das Gegenstück zur Unfähigkeit, politisch zu denken, berechtigte und unberechtigte Interessen zu unterscheiden und zu analysieren.

Der Digitalkultur erscheint es eine wunderbare Sache, wenn sich das Buchangebot durch objektive Marktmechanismen und einen ständigen technischen Fortschritt von selbst reguliert. Ein vorgeblich objektiver Markt oder eine objektiv bessere Technik regulieren aber nichts besser. Ein Beispiel wäre die Autoindustrie, die die Umweltverträglichkeit ihrer Produktion und Produkte überaus schleppend vollzieht und auch im Verdacht steht, Innovationen zurückzuhalten. Ein weiteres Beispiel ist der Bankensektor, der in der Phase seiner Deregulierung die Weltwirtschaft ruinierte. Es ist also nicht einsichtig, ausgerechnet am Buchmarkt die Segnungen eines freien Marktes und einer stets fortschreitenden Technik beweisen zu wollen.

Die Buchkultur hat bislang den Fortschritt der Technik kritisch begleitet. Nun greift die Technik selbst in den Fortschritt der Buchkultur ein und transformiert sie zur Digitalkultur. Der Erfolg der Buchkultur vollzog sich bislang unabhängig von der Technik. Die Formate und Konventionen des Buches stammen aus der Zeit der ersten Codices, der Zeit der handgeschriebenen Bücher. Nun ist Buchkultur als Digitalkultur an den Fortschritt der Technik gekoppelt, mit dem sie aufstieg, an dessen jeweiliges Niveau sie wie Ahab an den weißen Wal gefesselt bleibt.

Die Verbreitung der Literatur, die der Buchkultur doch angeblich so sehr am Herzen liegt, wäre durch Online-Portale doch viel besser garantiert? Was spricht also dagegen, alle Bücher einzuscannen? Bücher, die es geschafft haben, aus der tiefen Vergangenheit, trotz Verbot und wenn auch nur in ganz wenigen Exemplaren, uns erhalten geblieben zu sein, sind auch nach fünfhundert Jahren noch da – manchmal in nur einem Exemplar. Wie sähe das im Falle der Digitalisierung aus? Es wäre entweder schon an zentraler Stelle gelöscht worden oder im Zuge der technischen Entwicklung kaum mehr lesbar. Das kostbare Einzelstück wird nun aber digitalisiert und daher geschont und von überall zumindest einsehbar gemacht. Die Verbreitung der Literatur wird (wie beim fünfhundert Jahre alten Buch) auch heute noch durch gedruckte Bücher garantiert, die dezentral verteilt werden und dadurch weniger anfällig für zufällige oder absichtliche Vernichtung sind.

Aber kann man durch E-Books nicht Barrieren abschaffen? Die Öffnungszeiten der Bibliotheken, die viel zu hohen Buchpreise der Bücher und die dicken Wälzer, die man überall mitschleppen muss? Öffnungszeiten, Preise und Gewicht sind keine Barrieren, wie eine Treppe für Rollstuhlfahrer. Bei einem Schwimmbad kann man daher auch nur in einem sehr erweiterten Sinn von Barrieren sprechen, bei denen das Wasser ungerechtfertigter Weise den Nichtschwimmer ausschließe. Die bundesweite Verfügbarkeit der Literatur im weltweit dichtesten Bibliotheksnetz existiert bereits seit Jahrzehnten.

Was spricht denn gegen den freien Zugriff auf Informationen? Durch Regeln und Gesetze gibt man prinzipiell einen Teil der eigenen Freiheit auf, um eine gewissermaßen gerahmte Freiheit zu garantieren. Das richtige Verhältnis von beidem ist aber Gegenstand der politischen Auseinandersetzung der ganzen Gesellschaft und nicht der Teilsysteme. Dem verführerischen Versprechen totaler Freiheit folgen zumeist weitaus rücksichtslosere Verteilungskämpfe als vorher.

Die Digitalisierung ist als gigantische Maschine begreifbar, die öffentliche Güter in Privateigentum transferiert. Denn die Bücher der Bibliotheken, allemal die gesamte Fachliteratur, sind samt und sonders indirekt oder direkt durch öffentliche Förderung und Mittel zu stande gekommen. In jeder Stufe ihrer Entstehung sind öffentliche Gelder beteiligt, in Form von Forschungssemestern, Stipendien und Druckkostenzuschüssen. Schließlich wird ihr Ankauf bei Buchhandlungen, ihre Klassifizierung und Einstellung in Bibliotheken von Institutionen durchgeführt, die in nur seltenen Fällen nicht komplett durch Gelder unterhalten werden, die aus Steuermitteln stammen. Ihre Digitalisierung bedeutet faktisch nichts anderes, als dass sie Privateigentum der Aktionäre des Suchmaschinenbetreibers werden.

Der zentrale Gegenstand der Kultur, das Buch, das schwierige, dicke, langweilige Buch, wird in tausenderlei Einzelinformationen zerlegt und zugänglich gemacht. Unerreichbar fern schwimmende Fische werden zu fetttriefenden Fischstäbchen verarbeitet. Mit den Fischen des offenen Meeres hat das, was auf dem Teller liegt, nichts mehr zu tun. Das kümmert im Augenblick niemand, denn der Zugang bereitet augenblicklich keine Sorgen, daher sind Verbandsvertreter nur erfreut.

Der Zugang wird in genau dem Augenblick problematisch werden, in dem die Buchkultur endgültig ein Nischenphänomen geworden ist. Schulbücher werden dann tatsächlich einmal abgeschafft sein. Bücherregale stehen in den Innenstädten wie geistige Endlagerstätten herum. Private Haushalte entsorgen den Großteil ihrer Bücher in den Müllverbrennungsanlagen. Die Nutzerzahlen der öffentlichen Bibliotheken sinken ins Bodenlose und man wird sie erleichtert schließen können. Dann tritt Knappheit ein. Ein Markt entsteht. Wer wird ihn beherrschen?

Stille vor der Bücherwand

Wer aber wünscht sich das enorme Selbstbewusstsein der digitalen Community nicht manchmal auch für Bücher? Warum ist es so schwierig, ja fast unmöglich, flink und genau die eigene Sache auf den Punkt zu bringen?

Reiten ist eine veraltete Art der Fortbewegung, aber die Reitfreunde werden dabei schon etwas finden, etwas, das mit Fortbewegung nur sehr oberflächlich und unzureichend beschrieben ist. Wenn nun Lesen am Bildschirm oder im Buch ganz dasselbe sein soll? Dann fordert man von sich selbst, genauer und treffender zu antworten. Aber im Grunde kommt nicht viel mehr dabei heraus, als dass Bücher so schön anzufassen seien. Wohl wissend, dass bei Sachen, die ›man erlebt haben muss‹, die Worte nicht hinreichen, ist die Zeit längst vorüber, in der es reichte, jemandem ein Buch in die Hand zu drücken.

Nur weil Autos Pferde ersetzt haben, sind Autos nicht zugleich auch Pferde. In Analogie dazu ist es falsch, Digitalisate als Bücher zu bezeichnen.

Haptik und typografische Gestaltung machen beim Buch gegenüber Digitalisaten einen Mehrwert aus. Vom Wegfall des Trägermaterials Papier ist dann oft die Rede und dass die äußere Form des Buches sich verändert habe. Darin ist der nicht ganz kleine Irrtum verborgen, dass Haptik und typografische Gestaltung zum Buch noch hinzukämen. Sie machen aber das Buch wesentlich aus, auch dann übrigens, wenn es sich unschön anfühlt und die typografische Gestaltung schlampig ausgeführt ist.

Warum gerät man, gerade wenn es darauf ankommt, so sehr in der Defensive? Vielleicht weil jede Kultur, in der man lebt, eben genau darum Kultur ist, weil sie selbstverständlich ist. Diese Selbstverständlichkeit explizit zu machen, sie in Worte zu fassen, fällt ungeheuer schwer. Das Konkrete, weil unmittelbar, erscheint plötzlich abstrakt. Umgekehrt ist dann das lärmende Selbstbewusstsein der digitalen Community wenig verwunderlich. Die Tatsache des neuen, von überall möglichen Zugriffs auf Digitalisate oder die Cloud ist unbestreitbar klar. Alles dies ist neu, konkret und auf Anhieb einsichtig. Jeder sieht doch, dass Digitalisate helfen, Entfernungen zu überwinden (russische Weite), Krankheiten zu kompensieren (Arthrose) oder schlicht praktisch sind (Abfahrtszeiten).

Die uns unmittelbar umgebenden Bücher, unser Leben und Arbeiten mit und von ihnen, die Atmosphären der Räume, in denen Bücher ausliegen, werden, wenn wir unseren Umgang mit ihnen zur Sprache bringen sollen, plötzlich seltsam abstrakt. Gegen die objektiven Tatsachen stehen nun lediglich unsere subjektiven Erfahrungen, die uns sicher schienen.

Bei den konservativen Protestlern fühlt man sich von der Entwicklung deutlich härter erfasst, sie sind überaus verunsichert und reagieren zuweilen mit fast schon panischer Bestandssicherung. Sie pochen mit ihren knochigen Händen auf ihren schwer wiegenden Buchbestand, dem Grundwissen, den basalen Fertigkeiten. Sie setzen auf Echtheit, Dignität der Dinge. Dazu zählen sie Bücher, die wirklich gelesen werden. Aber auch Beziehungen, die sich nicht im Austausch von Informationen, sondern in wirklichen Gesprächen vollziehen. Zu dieser Gruppe zählen Journalisten, Buchhändler, Lehrer und Bibliothekare, die die mehr oder weniger unbeholfenen Versuche ihrer Verbände, sich modern zu geben, mit wachsendem Entsetzen verfolgen.

Bildung ist den Verteidigern der Buchkultur ein durch Anstrengung und Disziplin gewonnenes Gut. Lebenslanges Lernen erscheint ihnen dagegen als ein Konzept mit aufschiebender Wirkung, das belastbares Wissen durch luftige Kompetenzen ersetzt. Angesichts einer alles und jeden umfassenden Digitalkultur beharren sie eigensinnig auf der Bedeutung ›ihrer‹ Kultur, blicken aber kaum mehr als verlegen an ihrer Bücherwand hinauf, fragt man sie direkt: »Warum Bücher?«

Buchkultur

Als ich vor Jahren meine Ausbildung in einer winzigen Buchhandlung einer Mittelstadt begann, belehrte mich mein Ausbilder, selbst gerade erst Inhaber der Buchhandlung geworden, dass Bücher ein von Hemden oder Socken kaum unterscheidbares Handelsgut seien. Ich empfand das Provozierende daran sofort, standen doch gerade die Socken für einen besonders belanglosen Gegenstand, etwas, das irgendwie nur Ding ist. Natürlich galt der Hinweis den romantischen Flausen, von denen ich vielleicht auch nicht ganz frei war, dass man also diesen Beruf ergriff, weil man gerne las und sich vorstellte, als Buchhändler vor allem lesen zu können.

Mein Ausbilder hatte allerdings mehr recht, als er selbst vielleicht wusste. Er meinte sich von den Altvorderen, wie man das im Buchhandel eigentlich seit seinem Bestehen zu tun pflegte, dem Vorbesitzer zumal, der im Laden verstarb, durch schneidige Betonung der Ökonomie unterscheiden zu müssen. Dass er damit zugleich die blanke Gegenständlichkeit des Buches betonte, war ihm sicherlich nicht bewusst.

Im Folgenden sollen die drei wichtigsten Antworten auf die im Titel gestellte Frage gegeben werden. Stichhaltig zwar, jedoch nicht in dem Sinne, dass die Argumente irgendwen dahin brächten, sich wieder zur Buchkultur zu bekehren. Ihr Zauber scheint dahin und kehrt nicht wieder.

Der Objektcharakter der Bücher ist – nicht zuletzt durch die Digitalkultur – in ein neues Licht gerückt und muss, so naheliegend er ist, oder vielleicht weil er so überaus naheliegend ist, nochmals betont werden. Bücher also deshalb, weil sie Dinge sind. Bücher, dies der zweite Aspekt, sind eine einzigartige, weil zugleich umfangreichste und knappste, den Autoren wie auch Lesern gerade noch zumutbare Weltdarstellung. Schließlich sind Bücher drittens soziale Gegenstände, die mit uns in derselben Welt sind, eingebettet in eine Fülle von Handlungen und Tätigkeiten.

Zunächst sei nochmals einbekannt: Es geht ohne Buch. In Tiecks Erzählung *Des Lebens Überfluss* kommt der Held der Geschichte auch auf die Diogenes-Anekdote vom überflüssigen Becher zu sprechen. Er hat aus Holzmangel vom ersten Stockwerk aus die Treppe verheizt und versucht sich gegenüber dem Hausbesitzer, der vom Erdgeschoss her lospoltert, mit einer philosophischen Betrachtungsweise herauszureden. Der Hausbesitzer lässt das aber nicht gelten und erwidert: »Ich sah einen Kerl, der hielt die Schnauze gleich an das Rohr und trank so Wasser; somit hätte sich Ihr Mosje Diogenes auch noch die Hand abhauen können.«

Das Handbuch

Das Buch ist ein Ding, mit dem wir umzugehen lernen, das wir zur Hand nehmen, das wir zu nutzen, zu bewahren und zu erhalten wissen. Das muss die Hand erst lernen. Wenn der Gegenstand nicht mehr in der Hand liegt, wird der Hand das Buch fremd. Sie versteht nicht, es zu halten. Aufgeschlagen und von nur einer Hand gehalten, kippt es vornüber. Mutlos öffnet man es irgendwo, blättert und blickt ratlos auf. Wer mit Büchern aufgewachsen ist, entwickelt Routinen, lässt den Blick nicht von den Zeilen, legt das Lesebändchen kurz über den Buchrücken außen, blättert rasch und klemmt das Bändchen ohne hinzusehen wieder in die Falz zurück.

In der Beschränkung auf Digitalkultur geben wir das Buch aus der Hand. Viele Dinge sind ausgereift und man kann sie kaum verbessern. Der Stuhl, die Tasse sind perfekt. Dies vor allem deshalb, weil sie eine Form gefunden haben, die dem Leib entspricht. Die Tasse für den ersten Durst, die Menge ist ausreichend und doch schon ein wenig abgekühlt. Der Stuhl dient dem entspannten, aber auch den Mitmenschen gegenüber aufmerksamen Sitzen. So ein Gegenstand ist gewiss auch das Buch. Es ist perfekt und absolut nicht verbesserungsfähig.

Die sinnliche Erfahrbarkeit der Texte, ihre Verkörperung im so oder so gestalteten Buchkörper, wird notorisch unterschätzt. Wer Leseproben auf dem Bildschirm oder ein Skript auf Papier mit dem Erlebnis eines in die Hand genommenen Buches vergleicht, erfährt das unmittelbar. Das auditive Erlebnis des Buchkörpers, der beim Öffnen knackt, sein Geruch, der Umschlag, dessen Oberfläche an den Händen spürbar ist, das Gewicht des Buches, die Farbgebung, die Typografie – all dies ist keine sentimentale Beschreibung eines Buches, keine Romantik der Handgreiflichkeit, bei der es etwa darum ginge, Bücher bloß anzufassen! Es handelt sich vielmehr um eine unsentimentale Wertschöpfung, die sich als Rhetorik eines gestalteten Buchkörpers interpretieren lässt. Wem sich da nichts mehr vermittelt, der aber zugleich Entscheidungsträger in Verbänden und im Bereich der Ausbildung ist, fühlt sich umso großartiger, je mehr es ihm gelingt, die Branche nach dem Vorbild seiner Wahrnehmungsdefizite zu modellieren.

Das Marketing ganzer Branchen, über deren Wertschöpfung gelegentlich Zweifel aufkommen, wie etwa Versicherungen und Banken, versuchen nichts dringender, als ihre flirrende Dienstleistung greifbar und anschaulich werden zu lassen. Der Einzelhändler im Laden gibt eine Tüte raus, in die er dem Kunden seine Leistung verpackt. Die Verpackungen des Buchs, der Umschlag, das das Buch umgebende Verlagsprogramm, aber auch das Ambiente gehobener Kulturgüter in der Buchhandlung, die allesamt das einzelne Buch zehnmal, ja manchmal hundertmal besser verkaufen als ohne, müssten, wollte man allein elektronisch verkaufen, ersetzt werden.

Das Buch ist nicht allein Träger des Textes, sondern auch Oberfläche und Gegenstand, an dem die Spuren seiner Alterung sich finden. In einem Roman von Florian Felix Weyh über die Digitalisierung der Bücher sagt eine der Figuren: »Man sieht Daten nicht an, wie alt sie sind. Büchern schon.« Jede Schramme am Umschlag, jede schräge Dehnung des Buchblocks beim Lesen, jedes Aufschnäbeln des Buchblocks bei Feuchtigkeit zeigt die Alterung des Buches an. Der Schriftzug auf dem Umschlag, aber auch der längst vom Markt verschwundene Verlagsname und inzwischen vergessene Autor lässt sich einer vergangenen Zeit zuordnen. Inzwischen aber ist für viele die Umschlaggestaltung eines Buches, das vielleicht dreißig Jahre alt ist, von einem das neunzig Jahre alt ist ununterscheidbar geworden, beide sind gleicherweise alt und veraltet.

Ein Verleger verbannte einmal per Aktennotiz den Begriff ›Ramsch‹ aus dem Geschäftswortschatz aller Abteilungen seines Verlags. Es gelang ihm damit aber nicht, die Überproduktion verschwinden zu machen, die sein Haus in erklecklicher Anzahl produzierte. Also wurde weiter geramscht. Einige Hersteller – analog zur schriftstellerischen Edelfeder könnte man sie Edelkleber nennen – rufen dazu auf, alle Bücher, die nicht zumindest Fadenheftung aufweisen, einem buchkünstlerischen Autodafé zu überantworten.

Unbezweifelbar aber bleibt die Digitalkultur, die das Ding Buch in ein Digitalisat verwandelt, für ein bislang neues und kaum kurierbares Ausmaß an Objektstutzigkeit verantwortlich. In allen Formen der Digitalkultur sind die Objekte stets Schein, allein darum, weil Digitalkultur nur im virtuellen Raum stattfindet. Dies selbst dann, wenn die Besucher des Raums von seiner Wirklichkeit überzeugt sind. Vollendet ist diese Entwicklung, wenn beim Berühren uns nichts mehr berührt.

Bücher bedeuten die Welt

Das Buch ist eine Konvention der Weltdarstellung. Konventionen der Verdichtung von Information, der Ratgeber, das Sachbuch, die Monografie, das Kochbuch, die Anleitung sind didaktisch. In Titel, Einleitung oder Nachwort wird die Art und Weise der Verdichtung genau begründet. Man zeigt hier das Bewusstsein eines gewählten Formats, einer Struktur und Aufmerksamkeit. Eine gezielte Lesersteuerung, über die die Herausgeber Rechenschaft ablegen. Ein Atlas, als Sammelwerk einzelner Karten, ist nach Kontinenten gegliedert. Dabei steht das Herkunftsland des Atlanten am Anfang, da man die Karten vom nahe Liegenden zum Entfernteren ordnet. Schon eine Reihenfolge verrät eine Perspektive.

In den online zur Verfügung stehenden Digitalisaten eine Weltdarstellung zu vermuten, ist ein grandioser Irrtum. Vergleichbar dem Irrtum Sherlock Holmes, der von der Größe eines Hutes auf die Intelligenz seines Trägers schließt. Wenn die absolut unerschöpfliche Welt des Internets und seiner Digitalisate, aber auch der Bilder und der Filme, als Weltdarstellung aufgefasst wird, kann man genauso gut die Haustür öffnen und behaupten, dass da die Welt zur Verfügung stände. Man muss ja nur hinaustreten, nur die Straße hinuntergehen und alles ansehen, dann rechts oder links gehen und immer so weiter. In ganz ähnlicher Weise argumentiert man, wenn man das Alles des Netzes als endgültigen Ersatz aller anderen Weltdarstellung ausgibt. Die Welt ist in ihrer Gesamtheit nicht erfassbar.

Das digitale Lesen hat allerdings bereits das, was unter Lesen so ländläufig verstanden wird, schon umdefiniert: als ein Zusammentragen von Einzelinformationen. Von daher gedacht, ist das Lesen von Büchern gegenüber digitalisierten Texten nicht zu unterscheiden. Unterschiedslos sei das Lesen am Bildschirm, am Buch oder einer Litfaßsäule. Stumpf für eigene Empfindungen, ist vielen nicht mehr klarzumachen, wo da der Unterschied liegen soll.

Das Lesen im Buch ist kein Aufsammeln von Einzelinformationen, sondern ein gesamthafter Prozess. Insofern nicht teilbar in distinkte Einzelbestandteile, weder am Objekt Buch noch am Subjekt, dem Leser.

Das Leseerlebnis ist die vermittelnde Instanz. Die Subjektivität des Leseerlebnisses kann von keinem Eintrag der Suchmaschinen und im Übrigen auch von keinem anderen Buch ersetzt werden. Im unmittelbaren Leseerlebnis liegt etwas, das von keinem Lexikoneintrag, keiner Forschung übertroffen oder infrage gestellt werden kann.

Es bedarf freilich des Bewusstseins für den Wert eines Leseerlebnisses, das weitaus bedeutender als alle Fakten oder Inhaltsangaben eines Buches ist. Es bedarf der Intelligenz des Erlebnisses im Buch, das nur ein Einzelner haben kann. Es bedarf schließlich auch der Erfahrung, dass mit der Subjektivität des Leseerlebnisses ein Buch niemals veralten kann.

Das Buch ist eine Weltdarstellung, die von einem einzelnen Menschen bewerkstelligt wird. Manchmal stehen dem Autor Menschen zur Seite, Freunde oder bezahlte Rechercheure, manchmal ein ganzes Sekretariat oder Schreibbüro. Gleichwohl bleibt das Buch das Ergebnis einer Einzelleistung.

Das Buch wird auf eine eigentümliche Art und Weise zur Kenntnis genommen. In der Regel geschieht das kaum anders, als es geschrieben wurde: in Einsamkeit. Das Buch ist also ein Werk, in dem ein einzelner Mensch einem anderen einzelnen Menschen seine Weltdarstellung bietet.

Entscheidend hierbei ist, dass das Buch nicht unendlich viel Text oder Material fasst. Darin muss man angesichts der unendlichen Speicherkapazitäten der Cloud erst wieder einen Vorteil sehen lernen. Das gefüllte Fass muss ein Einzelner noch rollen können. Daher ist das Fass irgendwann zu groß. Dass in ihm oft auch billiger Wein lagert, im Buch daher nicht immer sublimer Text, soll hier einmal außer Acht bleiben. Buch und Fass sind darauf berechnet, handhabbar zu bleiben.

Das Buch entsteht erst im bewussten Lesen. Es ist die organisierende Kraft des Lesens, die Zusammenhänge und Bezüge herstellt und so aus Einzelheiten ein neues Ganzes formt. Ein Gemeinplatz: das Ganze sei mehr als die Summe der Teile. Das Buch besitzt Eigenschaften, die sich nicht aus den einzelnen Elementen ableiten lassen, sondern allenfalls daraus, dass es gelesen wurde.

Das Buch ist die zugleich komplexeste und zugänglichste Weltdarstellung. Das Buch ist eine Weltdarstellung, die es dem Autoren ermöglicht, alles zu schreiben und dem Leser alles zu lesen, nur nicht das Alles des Internets. Ein Ausschnitt der Welt, den jemand geschrieben hat und den jemand anderes liest. Ein Ausschnitt der Welt, den man als Ganzes in die Hand nehmen, den man beiseite legen und aufbewahren und wieder zur Hand nehmen kann.

Landschaftsbeschreibungen werden in Romanen häufig als besonders langweilig überblättert. Gewiss aber ist in der Landschaft, die nicht zugleich Natur ist, in der wir draußen herumlaufen, das, was man nur selbst gesehen haben muss, um Landschaft zu sein. So auch das Buch.

Das Alles des Internets ist kein Objekt, sondern Medium der Allmachtsgefühle gerade für die, deren Subjektivität sich im Schwarm auflöst. Diese Subjektivität des Leseerlebnisses kann im Übrigen auch nicht vom E-Book ersetzt werden. Durch die bloß informierende Lesesozialisation der Subjekte, ihre antrainierte Erwartung der Fluffigkeit der Digitalisate macht es ihnen schwer, sich auf das Objekt Buch überhaupt einzulassen. Der Widerstand des Objekts lässt Lesen und Verstehen stocken. Hibbelige Leser überfordert das Buch in seiner verschlossenen Offenheit und stummen Präsenz.

»Ich leih' dir das mal«

Um Bücher hat sich eine Fülle von stummen Handlungen, Gesten und Ritualen gebildet: die Bücherregale, die man als Gast in fremden Wohnungen betrachtet. Ein Buch im Schaufenster einer Buchhandlung sehen und darüber nachdenken, wen das interessiert. In einem Buch der Eltern Anstreichungen finden. Bei einem geliehenen Buch aus Versehen den Schutzumschlag einreißen. In einer Gesellschaft über ein Buch reden, das man nicht gelesen hat. Ein neu gekauftes Buch, das man immer schon einmal haben wollte, endlich aufschlagen und über die Seiten streichen. Das kurze Zögern, bevor man in ein Buch, das man verschenken möchte, ein paar Worte schreibt.

Die eingeschliffenen Gewohnheiten im Umgang mit Büchern machen uns glauben, dass sich Buchkultur ganz von allein ergibt. Es mag daher auf den ersten Blick übertrieben und lächerlich erscheinen, darin, dass man ein Buch auf eine bestimmte Art in der Hand hält, schon eine soziale Praxis zu vermuten, die verloren gehen könnte. Die Hintergrundannahmen, die allein darin bestehen, ein Buch einem Regal zu entnehmen, ein Buch über den Verlagsnamen einzuschätzen, ein Buch aus dem Bücherschrank eines Verwandten zu ziehen, sind überaus zahlreich. Hinzu treten Begleiterscheinungen wie die, ob man das Buch an die richtige Stelle zurückzustellen vermag oder ob der Verwandte lange über den offensichtlich vollkommen veralteten Schmöker zu reden weiß und gar versucht, es einem mitzugeben, um beim nächsten Besuch das Gespräch über das Buch fortzusetzen.

Das Buch gelangt in die Hand des Lesers. Der bleibt allein, und gelegentlich führt das Buch den Leser an eine harte Grenze, an der er das Buch zuklappen möchte. Er blättert nach vorn. Wie lange noch? Dann ist die letzte Seite gelesen, die letzte Seite einer langen Lektüre. In dieser letzten Seite werden zugleich alle vorhergehenden Seiten mitgelesen. Dieser Leseeindruck ist keine Information, er ist ein bedeutender subjektiver Erlebnisreiz.

Buchkultur, wie Kultur überhaupt, wird sozial gelernt oder deutlicher: eingeatmet. Sie wird kaum bewusst angeeignet und kann kaum nachgeschult werden. Gerne sieht man sie auch aufgrund der gut gemeinten Anweisungen eines Lehrkörpers sich einstellen: »Lies doch auch mal ein Buch.« Die onkelhaften Ermunterungen zum Lesen mit dem Versprechen: »Das macht Spaß!« sind nur noch drollig. Sie können nur von denen ausgehen, die von den Späßen der Digitalkultur keine Ahnung haben. Schulische Ordnungsverfügungen mit Sanktionsmöglichkeiten gehören der Vergangenheit an, sie wurden durch Gespräch, Diskussion und Zielvereinbarungen ersetzt. Man kämpft also fortan um jede einzelne Seite, die zusätzlich gelesen werden muss.

Buchkultur ist Ergebnis zahlreicher Beziehungen zu Büchern und Menschen. Buchkultur ist Ergebnis der Abhängigkeit von häufig gegangen Pfaden, die in eine Bibliothek führen, später in eine Buchhandlung. Buchkultur ist Ergebnis der wirklichen Welt, die die Digitalkultur lediglich nachzubilden vermag. Der mangelnde Sinn der Digitalkultur für Kontexte, für Angemessenheit, für Differenzierung, für Zusammenhänge und für Beziehungen ist besonders auffällig. Wenn man allein eine Tageszeitung, die aus den unterschiedlichsten Mitteilungsformaten wie Bericht, Reportage, Nachricht und Meinungsbeitrag besteht, online stellt, ist die Tageszeitung als Zusammenhang verloren. Über den einzelnen Artikeln mag ein Begriff eingerückt sein, der Auskunft über die Textsorte gibt. Aber alle anderen Aspekte wie Reihenfolge, Rahmung und Buch (bei der Zeitung der Teil der ineinandergelegten Seiten), in dem sich der Artikel findet, gehen verloren. Sie müssen über Begriffe explizit gemacht werden, die, wenn sie überlesen werden, zu Kommentaren führen, die am Text, den sie kommentieren, häufig genug vorbeigehen.

Die durch die Digitalkultur verbreitete Auffassung, dass Bücher aus Informationen zusammengesetzt seien, lässt die irrige Vorstellung entstehen, man könne den Vorgang auch rückwärts abwickeln, indem man aus der Textmasse des Buches einzelne Informationen ausstanzt und online stellt. Dieses Einzelne wird als beziehungslos gedacht. Die Behauptung, an den Büchern selbst nichts verändert zu haben, gehört zu demselben Phänomen gestörter Wahrnehmung. Denn vorgeblich sind es doch immer noch dieselben Texte, daher sei es doch schnuppe, ob Digitalisat oder Buch. Eine Beziehung zwischen Text und Buch wird nicht gesehen. Ebenso fehlt der Sinn für ein Verhältnis von Leser und Buch. Denn auch hier hat sich die Praxis der Digitalkultur durchgesetzt, bei der eine Beziehung zwischen Digitalisat und Leser ohne Belang ist. Das Defizit der Digitalkultur bestimmt nun auch die Vorstellungen, die man sich von Buch und Leser macht.

Diese Beziehungslosigkeit der Digitalisate gibt sich gerne als versachlichende Konzentration auf Texte auf der einen und besitzferne Teilhabe auf der anderen. Der Leser ist nur noch derjenige, der, frei von institutioneller Bindung, Texte von überall einsehen kann. Der Kontext, in dem Bücher zueinander finden können, ist nun endgültig aufgehoben und mit ihm alle Trägheit, die den Dingen Dauer gibt.

Texte an sich gibt es nicht. Texte sind immer von Personen verfasste Dokumente und an einen Träger (ein Blatt Papier, ein Buch oder an einen E-Reader) gebunden. Texte gehen daher mit ihrem Träger eine prinzipiell unauflösliche Verbindung ein. Texte werden durch diese Kontexte entscheidend bestimmt. Insofern ändert sich durch die Digitalisierung der Kontext, vielleicht aber löst er sich auch ganz auf.

Auch Verlage, ja sogar noch Buchumschläge oder Lesebändchen, gehören zu den Kontexten. Denn das Buch ist nicht einfach ein Text, sondern ein gestalteter Gegenstand. Das Buch stammt von einem bestimmten Autor. Das Buch erscheint in einem bestimmten Verlag mit einem bestimmten Programm. Das Buch ist leiblich und räumlich erfassbar. Dies entfällt beim Digitalisat vollständig und wird lediglich – der Begriff E-Book zeigt das – im übertragenen Sinne eingesetzt.

Die Frage ›Warum Bücher?‹ zu beantworten heißt nicht etwa, besonders originell zu sein, sondern substanziell. Aber ohne Pathos, das heißt, nur das zu schildern, was wir tun, wenn wir mit Büchern umgehen, explizit zu machen. Nichts Neues also. Die Antwort kann nur Überzeugte für sich gewinnen. Denn der Umgang mit Büchern als Objekten ist sozial eingeübt. Ungeübte halten das alles für Quatsch.

Man kann die Schraube allerdings noch ein wenig weiter drehen und behaupten: Jedes Buch ist ein ästhetisches Erlebnis. Die sich widersprechende Empfindung ist das Wesen ästhetischer Reize. Jedes Buch vereinigt Widersprüche. Das Buch wird als Gegenstand alt und als Erlebnis bleibt es ganz frisch in Erinnerung. Das Buch zeigt sich offen für alle, es ist ganz leicht aufzuschlagen. Man klappt den Buchdeckel auf und schon ist der Text zu lesen. Doch zugleich ist er hermetisch. Es ist alles da, aber nicht für uns.

In Büchern ein Erlebnis versteckt zu wissen, das sich aber nicht auf Anhieb und sofort erschließt, ist reizvoll. Und doch wird es nur das, was es ausmacht, indem es gelesen wird. Das Erlebnis der Texte, das so schwer zu fassen sein mag, im Buch wird es verkörpert, in ihm bleibt es geborgen und verborgen.

Einen Tod muss man sterben: das Preußler-Dilemma

Der Schauplatz der Buchkultur sind Buchhandlungen und Bibliotheken. Der Blick auf sie hat sich durch die

Digitalkultur entscheidend verändert. Die Digitalkultur hat die Voraussetzungen der Buchkultur einerseits besser sichtbar gemacht, andererseits aber auch fragwürdig werden lassen: Buchkultur ist kritisch und pädagogisch wertvoll. Fragwürdig wurden diese Selbstverständlichkeiten der Buchbranche in zwei Debatten der letzten Jahre. Die erste Debatte betraf den Musiker und Autor Sven Regener, die zweite den Kinderbuchautor Otfried Preußler. Beide Debatten zeigten ein Dilemma der Buchkultur, aus dem sie, egal wie sie sich verhält, nicht unbeschadet heraus kommt.

Die Digitalkultur zwingt dazu, die eigene Lesesozialisation, die durch die Exklusivität der fiktionalen Literatur wesentlich bestimmt wurde, neu in den Blick zu nehmen. Der Untergang dieses privilegierten Standpunkts, um genauer zu sein, sein Absterben, steht unmittelbar bevor, erstmals in der Literaturgeschichte erreicht eine ganze höchst produktive Gruppe ein goethisches Alter – durch die Kunst der Pharmakologie. Nach deren Ableben werden plötzlich sechzigjährige oder siebzigjährige Autoren auf der Literaturbühne zum Vorschein kommen, von deren unzähligen Büchern man überrascht feststellen muss, noch nie gehört zu haben.

Im Laufe des 19. Jahrhunderts wurde Lesen zur Schlüsseltechnik, und mit den deutschen Klassikern gewann man Anschluss an das Gemeinsame. Literatur war damals nicht verlegen darum, genau zu zeigen, was richtig und falsch war. Nach den Katastrophen der zwei Weltkriege stellte das Literatursystem, seines Einflusses offensichtlich nicht beraubt, von Systemrelevanz der Literatur auf generelle Systemkritik um. Fortan sind Lesen und Schreiben bestimmt vom Modus der Kritik. Affirmatives Lesen und Schreiben, zuvor wesentliche Aufgabe des Literaturunterrichts, war fortan unannehmbar, wo nicht zu übersehen oder umzudeuten, wurden die Autoren beiseite geschoben. Praktischerweise trennte man sich damit vom größten und kaum zu überschauenden Teil der in Büchern überlieferten Literatur. Der schmale Streifen einer als unausdeutbar geltenden Hochliteratur verblieb im Kanon, der zudem den Vorteil besaß, bequem innerhalb eines halben Lebens angeschafft, gelesen und in der Privatbibliothek repräsentativ eingestellt werden zu können.

Ab den 1970er Jahren wurden nicht allein Schreibwerkstätten gegründet, sondern mit zahlreichen psychologischen Sachbüchern fand ein langfristiger und für die Digitalkultur bedeutsamer Wechsel vom Lesen zum Schreiben statt. Das therapeutische Lesen war in seinen Anfängen religiöse Stärkung und Erbauung. Erst später entwickelte es sich zum reanimierenden Auftanken, zur Erholung und Entspannung von den Anstrengungen des Arbeitslebens. War man zuvor davon ausgegangen, dass im Nachvollzug der Dichtungen segensreiche Wirkungen auf das Gemüt zu erwarten seien, ist es heute das Selbstschreiben, das Durcharbeiten im Schreiben, das therapeutische Schreiben, das zur Befreiung führt. Emanzipation und Coming-out zeigen den Erfolg des Schreibprozesses an. Der Einzug des Personalcomputers in die Haushalte ab den 1980er Jahren stieß also auf nahezu schreibwütige Zeitgenossen. Unvermindert aber gilt für Autorschaft zugleich die Verpflichtung auf kritische Reflexion der Gesellschaft, ganz gleich, in welcher Gattung nun publiziert wird, Krimi, Homepage oder politisches Sachbuch.

In Zeiten des holprigen Übergangs von der Buchkultur zur Digitalkultur geraten einige Autoren aber in ein schwerwiegendes Dilemma, in dem sie, so scheint es jedenfalls, wenn man den Voraussetzungen folgen mag, umzukommen drohen. Das traditionelle Literatursystem in Deutschland, das die Buchkultur prinzipiell auf systemkritische Literatur festlegte, wird über die Digitalkultur in ihrem Lebensnerv getroffen. Zu beantworten wäre also etwa die Frage, warum die Autoren, zunächst der Musiker Sven Regener im Radio, dann auch Vea Kaiser in der Branchenpresse, über illegale Kopien ihrer Musik und Bücher erst so spät öffentlich Klage führten.

Viele der deutschen Autoren leben zu einem nicht geringen Teil davon, in ihrer kritischen Haltung glaubwürdig zu sein, insofern sie sich systemablehnend im System eingerichtet haben. Ihre etwas diffuse Geschäftsgrundlage lautet: Im Zweifel sind wir eher dagegen. Genau in diesem Sinne demonstrieren interessierte Leser mit einem illegal gezogenen Download zugleich eine kleine systemablehnende Geste.

In meiner Schulzeit besuchte ich mit einem Lehrer die kleine Buchhandlung, in der ich später eine Lehre machen sollte. Wir stöberten in einer ganzen Reihe entsetzlich quietschender Taschenbuchsäulen. Als wir den Laden verließen, präsentierte mir mein Begleiter ein Buch, das er offensichtlich gestohlen hatte. Bücherklau wurde immer schon als Kavaliersdelikt angesehen. Autoren und ihre Leser bildeten eine funktionierende systemablehnende Gemeinde – auf Kosten der Buchhandlung.

Durch die Digitalisierung ist das Risiko neu verteilt, denn die illegalen Downloads der Community, zum Teil identisch mit der Leserschaft des Autors, gefährden nicht die wirtschaftliche Grundlage der Buchhandlungen, sondern die ihrer verehrten Autoren. Sehen die Autoren dem Treiben untätig zu, ist auf die Dauer mit Büchern kein Geld mehr zu verdienen. Gehen sie an die Öffentlichkeit, ist der Schaden zwar weniger deutlich messbar, dafür aber höchst riskant für das Image. Denn indirekt müssten sie das System gegen ihre eigenen Leser zu ihrer offiziellen Geschäftsgrundlage machen. Das rockt die Community gar nicht.

Buchkultur ist ohne kritischen Reflex so wenig denkbar wie ohne pädagogischen Anspruch. Der Erfinder des lesenden Kindes ist Rousseau. Allerdings sollte sein Emile nur ein Buch lesen: Daniel Defoes

Robinson Crusoe. Dass diese pädagogische Welt auch nicht mehr in Ordnung ist, zeigte die Diskussion um die Bücher von Otfried Preußler. Im *Kleinen Wassermann* gibt der Vater dem Sohn zur guten Nacht die Hand. Muss man das ändern? Gewiss nicht. Aber doch die »Negerlein« in einem anderen Buch Preußlers? Wer die alten Ausgaben noch besitzt, kann sich der Originalfassung aus Kindertagen sicher sein und weiß sie als Buch im Unterschied zum Digitalisat vor dem Zugriff der moralischen Sprachreiniger sicher. Der Verlag, der die Stellen tilgt, riskiert damit allerdings von all denen, die mit dergleichen Anachronismen aufgewachsen sind, scharf angegangen zu werden. Dass sich in diesen Büchern die 1950er Jahre in vielerlei rührend komischen Szenen spiegeln, ließe sich nicht allein am Händedruck zur guten Nacht und den Negerlein dokumentieren. Genau sie sind es aber, die man sich zu erhalten wünscht. »So war das damals.«

Die beabsichtigten Anpassungen in der Wortwahl sollen offensichtlich dafür sorgen, dass Otfried Preußler im literarischen Gedächtnis lebendig bleibt. Dies scheint dem Verlag und den Erben nur möglich zu sein, wenn man ihn an gewissen Stellen dem heutigen Zeitgeschmack anpasst. Dann müsste man genauer nachfragen, wer es denn nun ist, der von Kinderbüchern verlangt, sich an der Begrifflichkeit der Gegenwart der Kinder zu orientieren.

Die Vorstellung, dass Bücher, allemal Kinderbücher, einen großen Einfluss auf die geistige Entwicklung von Kindern haben, ist in den Zeiten der Digitalkultur nicht zu halten. Man geht hier aber möglichst einfach vor: Nur das ganz offensichtlich Unzeitgemäße wird erfasst, das begrifflich eindeutig Identifizierbare, das Moralisierbare. Die Handlung, Figurenkonstellationen und Gesten der Kinderbuchklassiker bleiben davon vollkommen unberührt, obgleich von ihnen doch eine viel stärkere Prägung ausgehen kann. Da man sie aber nur um den Preis des Umschreibens des ganzen Buches erreichen kann, lässt man es, wie es ist – zunächst. Beim *Robinson Crusoe* löste Campe das Problem auch schon, er schrieb kurzerhand *Robinson den Jüngeren. Ein Lesebuch für Kinder.*

Die einen wollen einen Klassiker der Kinderliteratur dadurch bewahren, dass sie ihn festhalten, die anderen dadurch bewahren, dass sie ihn verändern. Erstere sind vielleicht sentimental, letztere inkonsequent. Denn auf der Seite des Verlags stellt sich das Problem genauso. Er ist verloren, produziert er das, was seine Kunden von ihm verlangen, und er ist verloren, tut er es nicht.

Die hier beschriebenen Sachverhalte unterscheiden sich von anderen unzähligen Beispielen der Veränderung bei Waren- und Kundengruppen grundlegend. In der Buchhandlung, in der ich gelernt habe, wurden noch alle siebzig Bände der Karl-May-Ausgabe vorrätig gehalten. Eine Generation zuvor wurde auf dem

Schulhof der Wettbewerb veranstaltet, wer am schnellsten alle Bände hersagen kann. Heute werden Karl Mays Bücher kaum mehr komplett geführt. Das sind Veränderungen innerhalb der Generationen, die als Veränderungen der Konsumkultur beschrieben werden. Sie als Verfall zu beschreiben erscheint übertrieben, hingegen erweist sich der pädagogische wie auch kritische Anspruch der Buchkultur als nur noch schwer aufrechtzuerhalten. Die Träger der Überzeugungen einer kritischen Literatur und einer pädagogisch wertvollen Jugendliteratur werden Mühe haben, dafür Sorge zu tragen, dass kommende Generationen in diese Überzeugungen hineinwachsen. In weiten Teilen hört man sie bloß noch nachgeplappert. So wird eine Haltung eingenommen, die Pädagogik und Kritik bloß noch behaupten hilft, ohne sie an der Wirklichkeit überprüfen zu müssen. Schließlich macht man den Bock zum Gärtner: Die Digitalkultur wird Ausweis einer sich vorgeblich weiterentwickelnden Buchkultur.

Noch gilt aber: Allein die Buchkultur lehrt, dass Denken und Schreiben sich in überlieferten Formaten vollziehen. Format beschrieb einmal lediglich die räumliche Ausdehnung eines Gegenstands. Der Begriff ist im übertragenden Sinne aber auch auf spezifische Gestaltungsprinzipien der Texte anwendbar. Für diese Sachverhalte hält die Digitalkultur bislang nichts Entsprechendes bereit. Im Gegenteil, für die Formatierung ihres eigenen Denkens scheint sie blind und hat sie durch hochkomplexe Algorithmen ersetzt, über deren Zustandekommen sie sich keine Rechenschaft ablegt. Lesen beginnt erst dann, wenn man sich zugleich über das Format im Klaren wird. Ist der Text eine Reportage, ein Gedicht, ein Roman? Über das Format ist man sich im Klaren, wenn man über das Zustandekommen des Textes im Klaren ist. Die Ratlosigkeit gegenüber Büchern, das achselzuckende Desinteresse, dieses »Was bringt denn das?« korrespondiert dem Unverständnis, inwiefern uns Formate Einstellungen und Perspektiven vermitteln, was Bücher also mit uns machen können. Das Ausmaß formaler Verwahrlosung durch Digitalkultur hat die kritische Masse längst erreicht, und mittlerweile treten Bedingungen ein, durch die die Großformate der Kultur, wie der Roman, ihre ökonomische, soziale und kulturelle Bindekraft verlieren.

Buchkultur stößt überall auf das Dilemma, die eigenen Grundlagen nur dann verteidigen zu können, wenn sie riskiert, sie zu verlieren. Das zeigt sich auch im größeren Rahmen der Publikationen zur Zeitgeschichte, die in Umfang und Tiefe einer Wochenzeitung immer näher kommen. Die Publikation, die sich Zeit lassen kann, die sich einem langwierigen Denk- und Schreibprozess anvertraut, wird seltener, damit gehen aber auch die spezifischen Qualitäten des Buchs verloren. Wenn sich die Verlage nicht entschließen, schneller zu werden, geraten sie ganz aus dem Tritt, tun sie es aber, ziehen sie sich eine Leserschaft heran, die sie einer profunden Gesamtdarstellung immer weniger gewachsen wissen. Verteidigt eine Autorin die Nutzungsrechte an ihrem Text oder unterlässt sie das, modernisiert ein Verlag veraltet erscheinende Texte oder unterlässt er das, in allen Fällen werden Leser düpiert. Man muss sich entscheiden, aber falsch.

Wir packen ein

Vor über hundert Jahren kamen in Buchhandlungen größere Schaufenster auf. Daraufhin wurden Buchumschläge, die bislang nur zum Schutz des Buchblocks da waren, so genutzt, dass man die Titel der Bücher von der Straße aus betrachten konnte. Als die Bücher den Kunden nicht mehr auf Anfrage über den Verkaufstresen gereicht wurden, sondern in den Regalen standen und auf Tischen lagen, steigerte sich die Bedeutung der Umschläge nochmals erheblich. Heute werden Buchumschläge und auch der Buchblock optisch wie haptisch aufwendig und raffiniert gestaltet. Umschlag und Buchblock sind also kulturelle Einrichtungen, die ganz bestimmte Aussagen über das Buch oder Versprechen an den Leser transportieren. Gleicherweise sind der Verlag und sein Programm, innerhalb dessen das Buch erscheint, sowie die Buchhandlung und das Ambiente, innerhalb dessen das Buch zum Kauf angeboten wird, das Buch umgebende, es heraushebende kulturelle Einrichtungen. Von der Wahl der Typografie bis zur Präsentation im Bücherstapel handelt es sich hierbei um Einrichtungen, durch die Texte allererst sichtbar werden.

Der Umschlag des Buches ist eine visuelle Kommunikation seines Inhalts, der Buchblock und der Prägedruck auf dem Umschlag seine haptische Kommunikation. Das Buch wird im Verlagsprogramm und auf Büchertischen in einen Zusammenhang gestellt, der über das einzelne Buch weit hinausgeht. In unzähligen Gesprächen wird das Buch erläutert. Man muss sehen, dass in jedem einzelnen genannten Punkt jedes einzelne Buch Gegenstand einer Wertschöpfungskette ist, die dem bloßen Text und dem blanken Gegenstand einen ganzen Hof von Bedeutungen angedeihen lässt.

Wer wissen will, wie man als Autor unter den Bedingungen der Digitalkultur ohne funktionierenden Buchhandel, Zwischenbuchhandel und Verlag auf dem Markt zu bestehen versucht, der schaue nicht in die Zukunft, sondern in die Vergangenheit. In Balzacs *Verlorenen Illusionen* ist das alles nachzulesen. Lucien de Rubempré versucht seinen Roman *Der Bogenschütze Karls IX.* einem Verleger zu verkaufen, der sich der Konjunktur des von Walter Scott begründeten historischen Romans anschließt. Lucien wird vom Buchhändler-Verleger belehrt: »Wenn wir Bücher auf eigene Rechnung herstellen, sind das Geschäftsunternehmungen, wegen deren wir uns an gemachte Namen wenden.« Die als unbegrenzt und frei bezeichneten Möglichkeiten der elektronischen Zukunft sind in Wahrheit Freiheiten, die alle auf Rechnung der Autoren laufen werden.

Bücher aufwändig zu gestalten und umständlich zu bevorraten und in diversen Verwertungsstufen vom Verlag bis zur Buchhandlung zu vertreiben – all dieser Aufwand wurde und wird betrieben, weil sich das Buch schlicht besser verkauft als ohne. Ein Aufwand, mit dem sich in den letzten hundertfünfzig Jahren die Verdienstchancen der Kreativen extrem verbessert haben. Hier fand die Einübung in ein Konsumschema statt, trainiert wurde über Generationen auf einem festgelegten Trainingsgelände und mit erfahrenen Übungsleitern. Diese Räume und diese Teilnehmer der Konsumkultur sind bislang entscheidende Bedingung für die Übertragbarkeit der Konsumschemata in den digitalen Raum.

Heute vereinigt eine mittlere Sortimentsbuchhandlung die Eigenschaften eines Baumarkts, eines Jeansladens und einer Apotheke unter einem Dach. Die Vielfalt gleicht einem Baumarkt. Die Formate sind normiert wie die Hosen in einem Jeansladen. Und dann bekommt man ein Buch, dass zufällig fehlt, als handele es sich um eilige Arzneimittel, innerhalb von vierundzwanzig Stunden.

In den größeren Häusern werden Kundenbeziehungen, das Reden und Erleben des Gegenübers, in sogenannten Einkaufserlebnissen standardisiert. Statt die Bücher zu präsentieren und in ihrem jeweiligen Zeitbezug zu inszenieren, wird nun eine höchst zeittypische Möblierung in den Verkaufsräumen der Buchhandelsketten eingerichtet. Das stets erneuerbare Erlebnis mit Menschen wird durch die hippe Möblierung der Buchhandlung ersetzt. Individualität wird standardisiert.

Der Wechsel der Bücher und der Wechsel der Gespräche war Einkaufserlebnis. Der Möblierung diese Aufgabe zuzuweisen erweist sich als grandioses Selbstmissverständnis der großen Buchhandelsketten. In jeder Buchhandlung der Mittelstädte entsteht in identischer Möblierung ein notwendig gleichzeitig auftretender Renovierungsstau, wenn wechselnde Geschmacksmuster neue Reize notwendig machen. Statt den Büchern diese Aufgabe zuzuweisen oder wechselndem Personal, wird im Versuch, Erlebnisse zu standardisieren, das Erlebnis vernichtet.

Die Krise der Buchkultur, das sollte aus all dem auch hervorgegangen sein, ist nicht allein ein Ergebnis des Aufstiegs der Digitalkultur. Der Buchhandel hat in dem Versuch, die Krise aufzuhalten, jahrelang darüber diskutiert, ein Branchenmarketing zu beginnen. Bislang hielt man das für nicht notwendig, weil Bücher nur ganz selten Menschen überfahren oder in Kühlhallen heimlich umdeklariert werden. Bücher verstrahlen ihre Umwelt in nur äußerst seltenen Fällen, und dann nur im metaphorischen Sinn. Ein Branchenmarketing als

Buchmarketing fand also bislang nicht statt, weil der Buchhandel kein ADAC, keine fleischverarbeitende Industrie und kein Betreiber von Kernkraftwerken ist.

Ist aber trotzdem ein Buchmarketing notwendig, wie für Kinder, die auch mal laut sein dürfen, wie für Bäume, die einen Paten suchen, eine saubere Stadt? Wenn das Buch bedroht ist, warum ist dann nicht die Buchhandlung und die Stadtbibliothek der geeignete Platz, das bedrohte Buch zu erhalten und zu fördern? Wieso sollte auf Plakatwänden, im Kino oder in elektronischen Medien für das Buch Werbung gemacht werden? Es steckt doch Bigotterie darin, dass die im ganzen Land verbreiteten Schau- und Stellplätze für das Buch versagen sollen und man darum im Wechsel zur Digitalkultur sein Heil zu suchen hätte. Diese anderen Medien besorgen dann, wozu die öffentlichen Foren und die Bücher selbst nicht mehr in der Lage sind? Die Initiative ›Buy Local‹, die die realen und nicht etwa virtuelle Räume in den Mittelpunkt rückt, hat das gewiss verstanden.

›Vorsicht Buch‹ heißt eine Kampagne des Börsenvereins. Auf einem der Plakate steht der Satz einer Leserin: »Ich habe ein U-Boot gesteuert.« Auf einem anderen: »Ich habe heimlich gezaubert.« Der Kassiber des Neuen sitzt hier mitten im Marketing des Alten: In beiden Sätzen wird die Subjektivität der Computerspiele nachvollzogen, gegenüber denen das Buch in Stellung gebracht wird. Das Buch, so unbestreitbar gut und richtig wie ein Baum, eine Katze, ein Kind, – muss sich nun verteidigen lassen von einem Marketing, das auf die spezifischen Erlebnisqualitäten der Digitalkultur abhebt.

Jedoch, kann das dem Buch schaden? Nein, weder der *Hexenhammer* noch die *Häschenschule* haben es geschafft, das Buch als eigenständige Publikationsform dauerhaft in Verruf zu bringen. Vielleicht aber kann nur eine Kampagne, die etwas riskierte, etwas bewirken. Es sollte aber klar geworden sein, dass bewusste Risikobereitschaft und solide Verbandspolitik nicht zusammengehen. Mutiger wäre aber eine Verbraucheraufklärung über die Preisbindung, die endlich für die Verbreitung der Tatsache sorgt, dass jedes Buch überall dasselbe kostet. Allzu viele glauben sich im Internetbuchhandel der Preisvorteile sicher, frönen jedoch nicht mehr als der bloßen Funktionalität elektronischer Systeme. Geliefert wird am nächsten Tag. Geschlossen wird am übernächsten die Buchhandlung um die Ecke. Gefeuert wird man schließlich selbst, vielleicht, um dann als Zusteller oder Picker mit einem täglichen Laufpensum eines Halbmarathons anzufangen?

Die Gentrifizierung der Buchkultur

Den älteren Vertretern der Buchkultur, ihrer privilegierten Stellung noch sicher, bereitete es kaum Probleme, dass neue technische Entwicklungen dafür sorgen könnten, ihre Bedeutung einzuschränken. Edgar P. Bruck schrieb bereits 1930 in einem Buch über den Antiquariatsbuchhandel: »Wenn einmal die Vervielfältigung der Erkenntnis auf anderen Wegen als durch Buchdruck geschehen wird, wird der Leihwert des Buches hinfällig werden, aber vielleicht ein gewisser Besitz plus Materialwert erhalten bleiben, weil Bücher Seltenheitswert (Schmuckwert) bekommen werden.« Aus der Ferne betrachtete Untergänge, ob sie sich nun in Vergangenheit oder Zukunft zutragen, beleben das Gemüt.

Der Buchhandel wird in den nächsten Jahren weiter Verkaufsfläche verlieren und eher in kleineren Läden der Großstädte zu finden sein. Er wird sich vermehrt auch um vergriffene Bücher kümmern, da die Auflagen stark sinken werden, also stellenweise ein Antiquariat aufbauen, das bereits Neuerscheinungen aufnimmt, da eine ganze Reihe von Titeln nach Erscheinen sofort vergriffen sind. Die Buchpreise werden kräftig steigen. Auch deshalb, weil für Bücher, die in Druck gehen, mehr Sorgfalt im Lektorat aufgewandt werden wird. Die erheblichen Einsparungen, die die Verlage in den letzten Jahren hier vorgenommen haben und manchen an der Qualität der Texte zweifeln ließ, werden zurück genommen. Allerdings ohne dass man mit großen Neueinstellungen rechnen dürfte.

Schon in Goethes *Werther* beschenkt man den suizidalen Helden mit einer Ausgabe der Werke Homers.

Heute wird fast jedes fünfte gekaufte Buch verschenkt. Die meisten Kunden werden diese einmal eingeübte Praxis des Bücherkaufens und des Bücherverschenkens beibehalten, sicher auch wegen des repräsentativen und schmückenden Werts der Bücher. Im Buchhandel werden in kleineren Läden weniger Bücher einzuräumen sein. Die inhaltlichen Anforderungen an die Buchhändler werden eher steigen.

Die Buchkultur scheint verloren, hieß es am Anfang. Verloren ist aber vor allem – auch das zeigen die Kampagnen – die Selbstverständlichkeit der Buchkultur. Seit den ersten Anzeichen der Krise ist viel Zeit vergangen, in der sich der Druck stets erhöhte und die Rezepte immer bizarrer wurden. Die Einsicht über den Verlust der Buchkultur nimmt den Druck raus und zeigt zugleich, dass durch den Verkauf der Digitalisate die Krise vermutlich nur noch verschärft wird. Als Prognose sei hier fest gehalten, dass gediegenes Wirtschaften mit E-Books aus zwei sehr einfachen Gründen höchst unwahrscheinlich sein wird. Zunächst werden sich die E-Books erheblich weiter entwickeln, weg von dem, was wir heute Buch nennen. Dann erscheinen alle Publikationen, die wir heute noch auf dem Reader haben, als unglaublicher Anachronismus, als so etwas wie Radio unter den Bedingungen des Fernsehens. Schließlich werden Buchhandlungen im Verkauf der E-Books vor allem als Marktöffner für diejenigen tätig sein, die nichts unversucht lassen werden, sie möglichst bald als lästige Zwischenstufe einzusparen. Auch hier das Preußler-Dilemma der Buchkultur.

Dadurch, dass Buchkultur immer weniger selbstverständlich wird, so ließe sich die Sachlage noch verschärfen, geht dem Umgang mit Büchern die Kultur verloren, das also, womit man aufwächst, und das uns in der unmittelbaren Umgebung prägt. Wenn es so kommen sollte, dann kommt auf die Ausbildung auch noch die Aufgabe der Kulturalisierung der Auszubildenden zu.

Die Inhalte werden anspruchsvoller, die Kunden werden interessanter, die Buchkultur gehört in den Lehrplan. Auf all dies bereiten die Ausbildungsgänge, die augenblicklich noch ganz von der Digitalkultur bestimmt werden, immer weniger vor. Die Branchenvertreter der Buchkultur schulen augenblicklich in der kommenden Generation vor allem die Voraussetzungen der Digitalkultur. Die fortschrittlichen Funktionäre der Bildungsinstitutionen wissen sich da mit den Konzernen und der digitalen Community vollkommen einig. Diese Generation ist vielleicht für die Buchkultur nicht verloren, doch wird man das Versäumte am Buch, sollen sie in einer kleiner und anspruchsvoller werdenden Buchkultur eine Chance haben, nachschulen müssen. Schon jetzt sind viele Buchhändler auch Verleger, im Bereich der Lokalgeschichte vor allem. Auch das wird eher zunehmen. Autoren-Buchhändler und Autoren-Verleger kommen hinzu.

Angesichts des überall sichtbaren Rückgangs der Buchkultur sollten junge Leute nicht dazu angestiftet werden, sich der falschen Romantik einer besseren Hochkultur hinzugeben, deren Aussichten höchst unsicher sind. Zugleich ist der Rückgang kein Untergang, schließlich sind die Ladenflächen, die vor hundert Jahren vielleicht einen Bruchteil der heutigen ausmachten, kein Ausweis eines kulturellen Niedergangs. Damals erreichte man schon ein Drittel der jährlichen Neuerscheinungen, die derzeit bei über 80.000 liegen.

Für die Kinder wird man bald das Lesen und die Bücher wieder neu entdecken, didaktisch und pädagogisch einmalige Bildungsphänomene an Büchern ausmachen und die Buchkultur mit den Mitteln der öffentlichen Hand in die Kindergärten und Schulen zurückbringen. Vielleicht kehren diejenigen, die über Tag an Bildschirmen ihrer Arbeit nachzugehen haben, am Abend mit Hunger nach Objekten zur Buchkultur zurück. Man nimmt im Buch die freie Zeit zur Hand. Neue Kunden werden Bücher als schwierige, aber auch entscheidende Form der Weltaneignung für sich entdecken. Sie werden aber nicht so zahlreich sein, da die wichtigsten Vermittlungsinstanzen des Umgangs mit Büchern wie Familie, Schule und Universität sich zurückziehen. Auf Erwachsenentaufe, das sollte deutlich geworden sein, darf man nicht allzu viel geben.

Die neue Kulturüberbürdung

Argumente für ein schulternhochziehendes Relativieren des Verfalls der Buchkultur gibt es viele. Vor allem in der Buchkultur. Die Ansage des Verfalls, des Untergangs der Literatur ist ein eigenes Genre der Literatur. Darin liegt zugleich eine Besonderheit der Buchkultur, sie besteht zu einem nicht kleinen Teil aus der Reflexion über sich selbst. Die Drucker galten immer schon als diejenigen Handwerker, die sich am besten zu organisieren verstanden. Und der Buchhandel war von jeher der dritte Bildungsweg.

Gleichwohl ist auch die Buchkultur schon als eine üble Verfallsform bezeichnet worden. Verfall des richtigen Hörens. Verfall des Gedächtnisses. Verfall des richtigen Sprechens. Im Laufe des 18. Jahrhunderts verstummte irgendwann der Leser, das laute Lesen geriet in Verruf. An Leseabenden lässt sich das vielleicht wieder üben. Solche Leseabende haben nicht allein damit zu tun, gegen ein unter Umständen gleichzeitig stattfindendes reichhaltiges Kulturprogramm anlesen zu müssen. Wen das Sofa nicht vor dem Bildschirm festhält, der ist vielleicht im Verein aktiv. Es ist also nicht immer allein Kulturverachtung, sondern wahrhaft Kulturüberbürdung, die den Leseabend zur Herausforderung werden lässt. Hinzu kommt, dass die akademischen Formate des gelehrten Vortrags denjenigen als zu seicht erscheinen lassen, der es nicht übers Herz bringt, sein Publikum rechtschaffen zu schurigeln. Arroganz in Wortwahl und Vortrag ziehen nicht allein Unverständlichkeit und Langeweile nach sich, sondern auch stille Verehrung.

»Das Buch ist aber besser.« Ein Satz, den man im Kino gelegentlich geflüstert hört. Manchmal sind Verfilmungen das Ende der Lektüre. Sicherlich aber nicht immer. Verfilmungen mögen gelegentlich auch die Lektüre der Romanvorlage fördern. Im Grunde weiß man aber darüber nichts. Aus der Warte der Erinnerung betrachtet, unterscheiden sich Romane von ihrer Verfilmung in gar nichts. Die Entfernung des Buches nach der Lektüre wie des Films nach dem Ansehen von unserem Gedächtnis ist ungefähr gleich weit: unendlich.

Sonst stehen Verfilmungen ja in dem traurigen Ruf, die Fantasie abzutöten. Denn die eigene Lektüre, die Erzeugung von Gestalten und Situationen im eigenen Kopf, ist ein wenig dem Traum vergleichbar oder viel mehr der Traumbearbeitung. Eine weiche, noch unbestimmte Erinnerung. Erst als solche erhält sie ihre suggestive Kraft. Aber bestimmt der Film tatsächlich endgültig, wie jemand aussieht, wie eine Situation sich zugetragen hat? Bestimmt er es etwa so, dass es ein für alle Mal festlegt ist? Der Film mag irgendwie auch zeigen wie die Karenina, Oberst Chabert, Tom Sawyer oder Fagin wirklich aussehen, aber nur im Augenblick des Films. Kurz darauf passen sie sich nicht weniger als eine Figur des Romans unseren Erinnerungen an. Durch Überblendung.

Die Professionalisierung der Mediennutzung sorgt auch unter den heftigsten Verteidigern der Buchkultur inzwischen dafür, dass sie auf bloßen Vortrag und reine Lesung mit leichter Unruhe reagieren. Man verweigert sich also nicht ohne böse Folgen der lustigen Hüte. Man ruft wie auf Entzug: »Wie denn, es gibt keine Bilder vom Beamer, keine Musik vom Band?« Gleich schreit einer: »Fehlt nur noch, dass der Wein nicht reicht!«

Das akademisch wie medial eingeübte Nutzungsverhalten wird auf dem Leseabend mitunter auf eine harte Probe gestellt. Weder wird ein Zeigefinger in die Luft gestreckt, Aufmerksamkeit zu erregen, noch trötet das Saxophon was Lustiges, womit wenigstens Orientierung darüber gegeben wäre, ob man nun ein wichtiges oder amüsiertes Gesicht zu machen hätte. Aber nein, ein richtiger Leseabend bietet nichts als die Autoren und ihre Bücher. Eine Befreiung. Ach!

Gehören die großen Romane des 19. und 20. Jahrhunderts zu einer vom Aussterben bedrohten Kunst? Einige glauben, dass die Zeit kommen wird, in der wir uns fragen, ob man sich im Satzspiegel sehen kann? Und wovor der Vorsatz eigentlich steht? Wir werden uns fragen, ob der Schmutztitel wohl pornografische Literatur einschließt? Wann wird die Zeit kommen, dass wir fragen, ob ein Zeilendurchschuss Schmerzen verursacht und ob man den Bundsteg bei jedem Wetter betreten kann? Kurz: Wann werden wir nur noch umschalten statt umzublättern? Wann wird das letzte Rascheln verklingen und in bloßes Rauschen übergegangen sein? Vorbei die Zeiten, in denen Jane Austen in einem ihrer Romane noch munter über einen jungen Mann schreiben konnte: »Man braucht ihm nur ein Buch zu geben, dann liest er den ganzen Tag.«

»Ruhe, bitte«

Bei einer Bibliotheksführung hörte ich einmal einen Studenten überrascht ausrufen: »Wer liest denn so viele Bücher?« Große Bibliotheken lassen keinen Neuling unbeeindruckt. Und vermutlich kennt das jeder, dass die Unmöglichkeit, das alles zu lesen, eine generelle Abscheu, ja auch Ekel erregen kann. Ein wichtiges Gefühl, das nie ganz verschwinden wird. Angstlust für Brillenträger.

Die Menge der Bücher wird dem Leben eines einzelnen Menschen gegenüber gesetzt, woraus geschlossen wird, dass nicht einmal hunderte Leben ausreichen, auch nur die Inhaltsverzeichnisse der vorgefundenen Bestände zu lesen. Aus dem Zoobesuch weiß man doch, was man an einem Ausflugstag so schafft, und wunderbarerweise war der Zoo kaum mal größer. Nach diesem kindlichen Kriterium werden die Bestände der

Bibliothek bewertet. Dass der Student den Reiz des Nichtabschließbaren der Bestände erfahren mag, ist immer weniger wahrscheinlich. Wird ihm doch in der Digitalkultur ermöglicht, die kindliche Perspektive dadurch beizubehalten, dass die Allzugänglichkeit der Werke im Digitalisat versprochen wird.

Bibliotheken, Buchhandlungen und private Buchbestände bilden ein spezifisches Bildungsmilieu. Im Laufe des 20. Jahrhunderts haben sich drei Konventionen zur Unterbringung von Büchern etabliert: das Bücherbord, der Bücherschrank und das offene Bücherregal. Sie sind Ausdruck spezifischer hochkultureller Bildungsatmosphären: Erbauung, Muße, Auftanken. Büchermöbel sind Teil der Bildungsgeschichte.

Die Maßnahmen, die getroffen werden, Bücher aus dem öffentlichen wie privaten Raum verschwinden zu lassen und im digitalen Transitraum der elektronischen Geräte unter zu bringen, betreffen ja nicht Büchermöbel allein. Als mein Vater sah, dass ich im Wohnzimmer im Bücherschrank stöberte und mit einem Buch mich davon machen wollte, hielt er mich zurück, las mir die erste Seite vor und erläuterte sie mir. Das Verschwinden des Vermittlungsmediums Büchermöbel zu Hause, in der Schule oder Universität wird nicht ohne Einfluss auf das zu Vermittelnde bleiben. In einer digitalen Bibliothek ist Unordnung unmöglich geworden. In der Digitalkultur sind Ärger und Glück mit allen Tücken des Objekts abgeschafft.

Beschäftigt man sich mit Lesebiographien, dann kommt der Schule immer eine ganz besondere Rolle zu. Ihr wird in der ersten und leider häufigeren Variante zumeist Schuld am allgemeinen Horror vor gelben Lektüren gegeben. Hier ist Nahebringen zu einer Ideologie geworden, in der auch noch das Selbstverständlichste zum Gegenstand des Unterrichts erkoren wird. Der Indikator für Schüler ist dann klar: Sobald etwas Gegenstand des Unterrichts wird, gilt es als schwer vermittelbar. Ein Verfahren, durch das man das Selbstverständliche geradezu abschafft hat. Zum Beispiel die Selbstverständlichkeit des Lesens. Statt etwas beizubringen, wird nahegebracht.

Wenn in der Schule das Lesen angeregt und fest im Leben verankert wurde, werden keine allgemeinen Mitteilungen gemacht, sondern es werden bestimmte Lehrer, bestimmte Autoren, ja, manchmal ein ganz bestimmter Text genannt, bei dem es gefunkt hat. Längst unterrichten an Schule und Universität Digital Natives, die beim Lehren lernen, daher das Lernen als sozialen Vorgang erleben, bei dem Technik immer nur Hilfsmittel sein kann. Wo nicht, verstellt ihnen die Ideologie die Wahrnehmung der Wirklichkeit, und dann heißt die Aufgabe: »Googelt das mal zu Hause.«

Als Erwachsener das Klavierspiel zu erlernen ist überaus schwer. Nicht allein Noten oder Buchstaben zu entziffern, auch das Stillsitzen, auch nur das Annehmen von Hilfestellungen, geschweige das Befolgen von Anweisungen bereitet Schwierigkeiten. Das Lesen wird bereits in Kindertagen auch als Körpertechnik geübt. Zuerst übt man das Stillsitzen und lernt, sich zu konzentrieren. Daraus entstehen wichtige körperliche Routinen und Bewegungsmuster, die sich einschleifen. Schließlich kann man sich konzentrieren, weil man still sitzt.

In Bibliotheken stehen Bücher in einem Raum zur Verfügung und erzeugen eine spezifische Lernatmosphäre. Die Bücher selbst werden in Handhabung und Gebrauch selbstverständliche Bestandteile der Umgebung. Büchern lagern sich Erfahrungen und Erlebnisse an, die beim Wiederaufschlagen sofort da sind.

Lesen hilft, eine eigene Identität zu bilden. Die Bücher, die dazu erworben werden oder die einer geschenkt bekommt, begleiten ihn durch das Leben. Im Buchregal werden sie Bestandteil einer Biografie. An ihnen lässt sich ein Teil des Lebens wiederfinden, ausstellbar für andere, möglich aber auch, es sich selbst in Aussicht zu stellen. Eine Bibliothek kann ein ganzes Leben sein. Ein gelebtes, vergangenes Leben, wie ein Kleiderschrank mit zu grellen und zu engen Kleidern.

Das Buch wird sich nicht einfach erhalten, nur weil es taktil und ästhetisch erlebbar und daher seinem digitalen Schatten jederzeit überlegen ist. Zur Wahrnehmung zentraler Kulturgüter bedarf es ausgebildeter Organe, die sie verstehen oder zumindest wertschätzen. Es arbeiten zu viele Kräfte einer Entwicklung zu, die, da nicht zu verhindern, auf gespenstische Art und Weise rabiat herbeigeführt werden muss.

»Bitte keine Gegenstände aus dem Fenster werfen«

Im Vergleich zur Produktion oder Verarbeitung von Nahrungsmitteln sind die Richtlinien, an die man sich bei der Texterstellung fürs Netz zu halten hat, absolut marginal. Wer will, kann Texte online stellen und in Aufmerksamkeitskonkurrenz zu etablierten Autoren treten. Er muss das aber nicht tun und kann den Vertrieb seines Produkts fast nach Belieben (ganz im Gegensatz zum Staat) zu reglementieren versuchen. Fest steht nur, dass, wer kreativ ist, verloren ist, kann er sein Werk nicht schützen.

Autoren entscheiden selbst, ob sie nur in Büchern, nur online oder in winzigen Auflagen publizieren, die sofort vergriffen sind. Nur allein deshalb, weil es einige Autoren gibt, die kostenlos online publizieren, können nicht zugleich alle anderen darauf verpflichtet werden, ihre Texte kostenlos zur Verfügung zu stellen.

Texte, allemal Texte in Büchern, haben Lektoren, die die Texte in verschiedenen und arbeitsintensiven Arbeitsgängen zu dem machen, was sie sein sollen: gut lesbare Texte. Eine Arbeit, die in der Regel extrem unterschätzt wird. In der Bearbeitung eines Manuskripts besteht die eigentliche Wertschöpfung der Verlage, die sich in der Herstellung des Buches fortsetzt und bis zur gut beleuchteten Platzierung in einer Buchhandlung reicht. Dies betrifft im Übrigen auch Digitalisate, die man sich häufig solcher redaktioneller, herstellerischer oder vertrieblicher Arbeit enthoben vorstellt.

Es gibt Verlage, in deren Veröffentlichungen ich niemals auch nur den geringsten Fehler gefunden habe. Wenn ich doch einmal einen Fehler finde oder unsicher bin oder auch nur meine, auf einen Fehler gestoßen zu sein, regen sich Vorbehalte in mir, und zwar gegen das ganze Buch. Warum nur? All das sind Kleinigkeiten, gewiss, aber was geschieht, wenn der Fehler inhaltlicher Art ist? Was, wenn man in einer Reportage über einen Sachverhalt, den man sehr genau kennt, auf Fehler oder auch nur Ungenauigkeiten stößt? Ist dann nicht auch die ganze Reportage ein wenig beschädigt? Ein Text kann daher in seiner ganzen Glaubwürdigkeit an auch nur einem einzigen Kommafehler scheitern. Das ist übertrieben, Erbsenzählerei, aber welche Möglichkeiten hat man, in den Gebieten, die nicht geläufig sind, die Glaubwürdigkeit der Sachverhalte, die neu und interessant sind, einzuschätzen, ob präzise und genau gearbeitet wurde? Erst wenn formal oder geradezu förmlich alles und jedes richtig ausgeführt wird, ist der Inhalt vertrauenswürdig. Vor allem dann, wenn man einmal wirklich und wahrhaftig auf Zuverlässigkeit angewiesen ist. Texte in Schlips und Anzug.

Wenn aber der Dresscode der Texte verzichtbar wäre? Entweder werden die lange eingeübten Kriterien der Buchkultur mit übertriebenem Purismus auf online Publiziertes angewandt oder die digitale Community hat sich in einer Kultur des dauernd Verbesserungsfähigen eingerichtet und suspendiert sich für immer von formaler und inhaltlicher Richtigkeit. Sicher ist in dieser Hinsicht die Buchkultur in arge Mitleidenschaft gezogen worden, sie hat ihr Niveau nicht halten können, Auswirkungen der Digitalkultur, auf die diese Desensibilisierung gegenüber Formfragen wesentlich zurückgeht.

Im Laufe der Geschichte der Buchkultur wurde das Lesen zunehmend vom Schreiben abgelöst. Allemal heute sind »Menschen, die gern schreiben«, wie es in den Annoncen der Verlage heißt, die im Auftrag ihrer Kunden publizieren, nicht von Verlagen und ihren Lektoren abhängig und können selbst entscheiden, was und wie sie publizieren. Qualitätsmanagement wird nicht allein bei Verlagen praktiziert, es wird beim Hausbau, bei Bankdienstleistungen und auch im Filmgeschäft mal mit mehr oder weniger Erfolg durchgeführt. In anderen Lebensbereichen sind wir nicht weniger darauf erpicht, dass anerkannte Experten die Unmenge von Produkten und Dienstleistungen vorsortieren. Aber auch hier zeigt sich: Wir wollen wissen, nach welchen

Kriterien, wer genau sortiert, einem bloßen Mechanismus wollen wir so wenig trauen wie nicht nachvollziehbaren Algorithmen.

Angesichts der beträchtlichen Anzahl jährlicher Neuerscheinungen sind Verlage ganz sicher keine Verhinderer von Büchern. Jeder, der unbedingt will, konnte und durfte bislang publizieren und – viel entscheidender – hat es getan, nur nicht immer, und das ist der Haken, bei den namhaften Verlagen. In der Ablehnung der eingesandten Manuskripte liegt im Prinzip nichts Besonderes, es drängt sich allerdings der Eindruck auf, dass man die Gatekeeper abschaffen möchte, um den Aufmerksamkeitsvorteil der Autoren der namhaften Verlage zu nivellieren.

Auch daran zeigt sich, dass Verlage eben doch etwas anderes sind als Fernsehsender oder Internetportale. Zweifellos sind sie gelegentlich reine Aufmerksamkeitsagenturen, die einen Prominenten vermarkten oder Geld gegen eine von ihnen mitentwickelte, besonders anstößige Meinung tauschen. Gleichwohl sind Bücher gegenüber Fernsehsendungen, Zeitungsreportagen oder Internetportalen die zentralen Institutionen, in denen sich eine hochkomplexe Gesellschaft selbst reflektiert. Nicht jedem sofort zugänglich, aber jedem der Möglichkeit nach, durch Bibliotheken und Geduld.

Es fragt sich, wie schnell der Gesellschaft die Notwendigkeit des Gegensteuerns plausibel und wie viel es ihr wert sein wird. Schon jetzt sind uns Buchhandel und Verlage viel wert, das zeigen die niedrigere Mehrwertsteuer, niedrigere Postgebühren, die gesetzliche Preisbindung und zahlreiche Fördermaßnahmen von Literaturpreisen bis Festivalzuschüssen, aber auch der (wenn auch gekürzte) Bibliotheksetat. Eine Förderung, die weiterhin und in verschärfter Form von der Bereitschaft der Gesellschaft abhängen wird, sich Bücher, Verlage und Buchhandlungen als notwendige Wertschöpfungskette kultureller Güter zu leisten.

Nicht immer und in jedem Fall, aber im Idealfall, sind Bücher Medien der Weltdarstellung auf einem angemessenen Komplexitätsniveau. Darin liegt das Entscheidende der Bücher. Die Komplexität ergibt sich aus dem Zusammenhang, in dem die Autoren ihre Gedanken entwickeln. Daher bestehen diese Texte nicht aus Einzelinformationen, die man auch im Internet abrufbar vorhalten könnte. Der Zusammenhang erfordert eine zusammenhängende Lektüre. Wie für die Rezeption gilt natürlich allemal für die Produktion, dass erst der Prozess des Schreibens Überlegungen ermöglicht, die sich aus dem Zusammenhang ergeben. Dazu sind bei Autoren wie Lesern Geduld und die Fähigkeit zur Konzentration erforderlich. Auch mit der Vergangenheit besteht ein Zusammenhang, denn der Text schließt an Formate an, die die Bücher vor ihm entwickelten. Aber auch aus der Gemeinschaft der Lesenden, die sich im Austausch über das Buch finden, ergibt sich ein Zusammenhang.

In der kleinen Erzählung *Der Student* schreibt Anton Tschechow: »Die Vergangenheit, so dachte er, ist mit der Gegenwart durch eine ununterbrochene Kette von Ereignissen verknüpft, von denen sich eins aus dem anderen ergibt. Und es schien ihm, er habe soeben die beiden Enden dieser Kette gesehen – er berührte das eine Ende, da erzitterte das andere.«

Nachweise

Seite 20 »Ihr letztes Buch ist wieder ...«
Kurt Tucholsky: *Avis an meinen Verleger*. In: Kurt Tucholsky Gesammelte Werke 1932. Bd. 10. Rowohlt: Reinbek 1985. S. 48

Seite 31 »Selbst wohlmeinende Gatekeeper ....«
Jeff Bezos, deutsch von Matthias Fienbork.
FAZ Nr. 264, 12.11.2012

Seite 38 »Nicht vom Wohlwollen des Metzgers ...«
Adam Smith: *Der Wohlstand der Nationen. Eine Untersuchung seiner Natur und seiner Ursachen*. Übersetzt von Horst Claus Recktenwald. dtv: München 1990. S. 17

Seite 58 »Ich sah einen Kerl ...«
Ludwig Tieck: *Des Lebens Überfluss*. Reclam: Stuttgart 1983. S. 54

Seite 61 »Man sieht Daten nicht an ...«
Florian Felix Weyh: *Toggle*. Roman. Galiani: Berlin 2012. S. 133

Seite 81 »Wenn wir Bücher auf eigene Rechnung ...«
Honoré de Balzac: *Verlorene Illusionen*. Roman. Übersetzt von Otto Flake. Diogenes: Zürich 1998. S. 277

Seite 86 »Wenn einmal die Vervielfältigung ... «
Edgar P. Bruck: *Die Preisbildung im deutschen wissenschaftlichen Antiquariatsbuchhandel*. Verlag W. Junk: Berlin 1930

Seite 93 »Man braucht ihm nur ein Buch ... «
Jane Austen: *Überredung*. Übersetzt von Gisela Reichel. Anaconda: Köln 2011. S. 156

Seite 102 »Die Vergangenheit, so dachte er ....«
Anton Tschechow: *Der Student*. In: Anton Tschechow Meistererzählungen. Übersetzt von Ada Knipper und Gerhard Dick. Rütten & Loening: Berlin 1979. S. 350

Dieser Titel wird in der *Deutschen Nationalbibliografie* angezeigt. Die Deutsche Nationalbibliothek bietet nach Erscheinen detaillierte bibliografische Informationen unter http://dnb.d-nb.de.

Nachdruck der ersten Auflage von 2013

© 2013 Bramann Verlag, Frankfurt am Main
Alle Rechte vorbehalten

Umschlaggestaltung und Layout: Margarete Bramann

Druck und Bindung: CPI – Clausen & Bosse, Leck,
www.cpibooks.de, Printed in Germany 2013

ISBN 978-3-934054-59-2 (Print)
ISBN 978-3-934054-70-7 (PDF)
ISBN 978-3-934054-71-4 (EPUB)